소쉬르와 언어과학

프랑수아즈 가데

김용숙 · 임정혜 옮김

東 文 選

소쉬르와 언어과학

FRANÇOISE GADET

Saussure Une science de la langue

© Presses Universitaires de France, 1987

This edition was published by arrangement
with Presses Universitaires de France, Paris
through Sibylle Books Literary Agency, Seoul

차 례

들어가는 말

소쉬르 이전에는 랑가쥬(langage)에 대해서 제기된 철학적 성격의 질문과 순수한 언어학적 성격의 질문이 명확하게 구분되지 않았다. 아리스토텔레스, 포르루아얄학파, 홈볼트가 이러한 경우에 속한다.

소쉬르가 자신의 일반 언어학에 관한 고찰에 대해서 '철학적인 언어학 강의'라고 명명한 적은 있지만, 그는 철학자가 아니었다. 소쉬르는 직업적인 철학자도 아니며, 그의 전개 방식도 랑가쥬에 관해 제기되는 철학적 성격의 질문에 응답하는 것이지, 그의 방식 자체가 철학적인 것은 아니다. 그러나 철학적 질문의 주요 쟁점들은, 소쉬르가 이들을 검토했건 혹은 해결했다고 판단했건 또는 미루어 놓았건간에, 그의 고찰 속에서 다루어지고 있다. 바로 이 점에서 사고와 랑가쥬간의 관련성을 찾게 된다. (사고는 언어(langue)가 있다고 전제하는가, 혹은 그 반대인가? 랑가쥬를 벗어난 사고가 존재하는가?) 그리고 랑가쥬와 현실 사이에서도 관련성을 찾게 된다. (무엇이 언어와 현실을 이어 주는가? 언어가 현실을 말할 수 있는가? 어떤 의미에서 기호가 자의적이라고 할 수 있는가?) 또 의미에 대한 질문도 제기된다. (어떻게 언어가 의미를 산출하는가? 말을 한다는 것은 어떤 행위인가? 무엇이 음성 측면과 의미 측면을 이어 주는가?)

소쉬르에게서 첫번째 문제는 피상적으로 다루어지고, 두번째 질문은 아예 접근조차 하지 않은 반면, 세번째 문제는 핵심을 이루고 있다. 철학자들이 끊임없이 그에게 관심을 가지고, 언어학의 제반 문제를 제시하고 있는 이 책이 철학 총서로 출간된 점은 이와 같은 맥락에서 이해될 수 있을 것이다.

1

다양한 얼굴의 스승

오늘날에도 여전히 소쉬르는 읽힌다. 《일반 언어학 강의 *Cours de linguistique générale*》──이하 CLG라 칭한다──의 출간 횟수가 이를 뒷받침하기에 충분하다. 1922년, 1931년, 1949년, 1955년, 그리고 1955년과 1963년 사이에 5개의 판본을 통해 2만 부, 1964년에서 1985년까지 23개의 판본을 통해 15만 부가 재판되었으며, 그외에도 17종의 번역서가 있다.[1] 따라서 1916년에 씌어진 이 저서는 언어학에서, 그리고 그 연관 학문 분야에서도 계속해서 읽히고 검토되고 있다. 언어학이 최근에 시작된 학문이며, 그 범형들이 빠른 리듬으로 이어진다는 점을 감안한다면, 이 작품의 가치가 70년 이상 지속되어 왔다는 것은 특기할 만한 일이다. 그러므로 우선 언급되어야 할 점은 《일반 언어학 강의》가 여전히 읽히고 있다는 사실이다.

먼저 이 책은 교육적인 목적에서 읽힌다. 언어학을 가르치는 대다수의 교사들이 언어학으로의 입문은 어떠한 형태로든 《일반 언어학 강의》의 독해를 거쳐야 한다고 생각한다. 한편 학문적인 목적에서 읽기도 한다. 20세기 동안 내내 언어학에 관한 대부분의 주요 저서들이 소쉬르의 제안들에 대해 동의를 하든, 수정할 것을 제의하든, 반대를 하든간에 어떤 형태로든 이것들을 다루고 있기 때문이다.[2] 그리고 언어학자들만의 관심사를 넘어서서 언어(langue) 및 랑가쥬(langage)와 관련하여 소위 철학적인 목적에서 읽는 경우도 있다.[3]

소쉬르라는 이름만으로도 언어학자들은 지지파와 반대파로 나뉜다. 구조주의자, 즉 언어를 하나의 체계로 분석하기 위해 《일반 언어학 강의》에서 그 근거를 빌려 오는 이 언어학파의 옹호자들은 지지파에 속한다. 구조주의자이든 아니든, 많은 언어학자들이 언어의 특성과 그 기능에 대한 결정적인 생각들을 이 책에서 얻는다. 이들 또한 지지파에 속한다. 미국의 촘스키와 같은 창시자를 높이 평가하는 사람들, 비록 소쉬르는 곧바로 시대에 뒤처졌다고 부연하지만, 이들도 역시 지지파에 속한다. 촘스키는 그래도 소쉬르가 널리 알려지지 않은 나라에서 이례적으로 소쉬르의 텍스트를 재고하게 했다는 평가를 받을 만하다.[4] 소쉬르의 개념들이 언어학 발달을 막거나 경직시킨 결과만을 가져왔을 뿐이라고 판단하는 모든 이들은 반대파에 속한다. (그 개념들이 언어학 강의의 흐름을 바꿔 놓았음을 곧바로 인정하면서도) 《일반 언어학 강의》의 소쉬르와 시학에 관심을 가졌던 소쉬르를 대비시키는 이들도 반대파들이다.[5] 이같은 반대와 종종 이에 뒤따르는 격렬한 논쟁은 《일반 언어학 강의》가 계속해서 쟁점이 되고 있음을 의미한다. 결국 이 저서와 함께 현대 언어학이 시작되는 것인가? 그렇다면 어떤 의미에서인가?

오늘날 많은 언어학자들이 그의 이론과 방법을 그대로 사용하지 않는다고 해서 결코 소쉬르식의 사고가 언어학·철학 그리고 인문학에서 소멸되었음을 뜻하지는 않는다. 그렇다면 이런저런 언어 활용의 차원을 뛰어넘게 하는 소쉬르의 핵심은 무엇인가?

소쉬르는 인간이 언어를 지배할 수 없다는 사실을 보여 주고 있다. 문법적으로 명백한 것들과 이것들이 어떤 방식으로 화자에게서 기능하는지에 대해 질문을 던짐으로써, 소쉬르는 랑가쥬에 대한 연구를 경험적인 사실들에서 이끌어 내는 데 기여했다. 언어를 하나의 추상적 대상, 즉 그 원동력이 개인과 물리적인 현실 바깥에 있는 하나의 체계로 봄으로써, 소쉬르의 이론은 19세기말에 싹트기 시작한 철학과 인문학 사상을 지배했던 자유로우면서 의식을 가진 정신적 주체를 파괴하는 결과를 가져왔다. 소쉬르를 프로이트·마르크스·다윈이나 코페르니쿠스와 비교하는 것도 그 때문이다.

따라서 소쉬르가 언어에 대해 깊이 생각하고 연구함에 따라 그의 저서는 우선 철학과 인문학의 관심을 불러일으킨다. 그러나 소쉬르는 무엇보다도 **언어학자**이다. 자신의 경험과 언어장에 대한 연구의 토대를 언어의 문법 활용에서 얻어 오기 때문이다.

소쉬르에 대해 이야기하고자 하면 무엇보다도 먼저 공백과 만나게 된다.

페르디낭 드 소쉬르의 생애에 대해서는 별로 알려진 바가 없다.[6] 날짜 몇 개, 장소 몇 군데, 그리고 몇 가지 사실들뿐이다. 그는 1857년 제네바에서 18세기 프랑스 이주민의 후손인으로 개신교도이며 과학적 전통을 지닌 식자 집안에서 태어났다. 이후 그는 독일 라이프치히로 언어학 공부를 하러 떠난다. 이곳에서는 19세기 후반 당시에 당대의 역사언어학의 대가들이 포

진해 있었다.

그 시대에 언어학자가 된다는 의미는 사실상 역사비교언어학을 연구하는 것이었다. 19세기는 이 학문이 훌륭하게 꽃을 피운 시기였다. 18세기말 산스크리트어·그리스어·라틴어, 그리고 대부분의 유럽 언어들 사이의 기원 관계를 발견하게 된다. 인구어가 고대 문서 해석에 도움을 줌으로써 이 언어들에 대한 연구가 진행된다. 19세기초에 주요 음성 법칙들이 세워지게 된다. 그림의 법칙(1822)은 한편으로는 게르만 언어들간의 관계를, 다른 한편으로는 라틴어·그리스어 그리고 산스크리트어에 중점을 둔다. 소쉬르가 언어학에 입문할 당시에 지배적이었던 학파는 음의 변화에서 규칙성을 찾으려는 독일의 소장 문법학자들로 구성된 학파였다.

1878년 라이프치히에서 소쉬르는 《인도유럽어 원시 모음 체계에 관한 논문》을 발표하고, 이는 그가 생전에 누리게 될 명성의 가장 큰 부분[7]과 동시에 일부 학계에서의 그에 대한 이해 부족[8]을 가져온다. 계속해서 라이프치히에서 1881년, 그는 〈산스크리트어의 절대 속격 용법〉이라는 제목의 논문을 발표한다. 그러나 이 논문은 이전의 《논문 Mémoire》보다는 우수성이 떨어져 보인다.

1881년부터 그는 파리에 정착하여 먼저 고등교육원에서 '고트어[9]와 고대 독일어 전임 교원'으로, 후에 1887년부터는 인도유럽어 언어학의 전임 교원으로 재직한다. 그가 뛰어나고 꼼꼼한 교육자였다는 사실은 여러 증언들이 뒷받침한다. 당시 그의 제자로 프랑스 역사언어학의 대가들 중 한 사람이 될 앙투안 메예의 증언도 그 가운데 하나이다.

"그는 그가 가르치는 학문을 사랑하고 느끼도록 했습니다. 그래서 그의 시인다운 사고는 대체로 그의 강의를 영원히 기억될 영상으로 만들었습니다. (…) 그는 단 한 번도 자신의 강의를 완성된 진리로 시작하지 않았습니다. 그는 이야기할 것을 전부 세심하게 준비해 왔지만, 막상 강의를 할 때에야 비로소 그의 생각은 결정적인 모습을 갖추었습니다. (…) 그의 강의를 듣는 이들은 자신들 앞에서 계속 만들어지면서 완성되어 가는 그의 사고에 귀를 기울였습니다……."(드 모로에서 재인용)

또한 소쉬르는 언어학계에서 활발한 활동을 펼친다. 즉 언어학회의 일원으로 발표도 하고 평론도 하고 논문도 쓴다.

1891년에 그는 콜레주 드 프랑스에서 맡고 있던 자리를 그만두고,[10] 다시 제네바로 가서 교수로 재직한다. 그곳에서 그는 산스크리트어·그리스어·라틴어·인도유럽어들, 현대 프랑스어 음운론, 프랑스어 작시법, 독일 문학, 일반 언어학을 가르친다. 그는 연구에 몰두하지만 출간은 하지 않은 채 점차 침묵에 빠져든다. 제네바에서 그가 보낸 생애 마지막 21년에 대해서는 거의 알려진 바가 없다. 그는 1913년 제네바 근처에서 생애를 마친다.

페르디낭 드 소쉬르의 집필서는 거의 없다. 1922년에 《페르디낭 드 소쉬르의 학술 출판물 모음집》이 간행되었을 때, 3백40여 페이지에 달하는 《논문》과 《박사 논문》(《논문》 2백68페이지와 《박사 논문》 70페이지) 이외에 5백99페이지는 일련의 논문들로 구성되어 있는데, 이들 가운데서 몇몇 논문들은 그 내용이 아주 짧고, 상당히 전문적이고 해박한 지식이 요구되는 주제를 다루고 있어 처음부터 전문 학술지에 출간되었지만, 1893년 이후부터는 그의 논문수가 현저하게 줄어들었다. 1990년과 1912년 사이에는 5개의 출간물만이 있을 뿐이다. 물론 소쉬르를 현대 언어학의 '아버지' 혹은 '창시자'로 지칭할 수 있게 하는 그의 학문적인 영향력을 이와 같은 사실에서 찾아서는 안될 것이다. 하지만 출간된 그의 저서들은 이것들이 전부다. 본인도 부끄럽게 여기는 '서한공포증'(메예에게 보내는 편지에서)과는 별도로 그에게 진정으로 '집필공포증'이 있었다고 말할 수 있다.

소쉬르는 《일반 언어학 강의》로 전세계에 알려져 있다. 그러나 그가 직접 이 저서를 쓰지는 않았다. 그는 1907년, 1908년에서 1909년, 그리고 1910년에서 1911년 일반 언어학에 관한 강의를 세 차례 했을 뿐이다.[11] 제네바의 두 교수 샤를 발리와 알베르 세슈에가, 소쉬르의 사후에 남겨 놓은 얼마 되지 않은 그의 글들을 검토하고("페르디낭 드 소쉬르는 매 강의의 개요를 서둘러 작성한 쪽지들을 시간이 지남에 따라 없애 버렸다."《일반 언어학 강의》의 서문) 학생들이 그의 강의 시간에 필기한 것들(조교들이 드물었기 때문에 그 양이 아주 적다)을 모아서, 이 모든 자료를 가지고 한 권의 책을 만들기로 했다. 이 책이 바로 《일반 언어학 강의》가 된다.

이 작업을 하면서 직면했던 어려움에 대해서는 차후에 이야기하기로 하겠다. 연구자들은 세월이 흐른 후에 거리를 두고서 편집자들의 발자취를 거슬러 올라갔다. 우선 로베르 고델(1957년 《일반 언어학 강의 수사본 원전》)이 있다. 다음에는 1967년부터 1974년까지 루돌프 엥글러가 《일반 언어학 강의의 교정

판》을 5개의 낱권으로 출간하면서 각 부분에 대한 출처를 제공한다. 그리고 툴리오 드 모로는 《일반 언어학 강의》(1967) 이 탈리아어 번역본의 부록에서 이제까지의 출처, 주석, 그리고 비평에 대한 현황을 보여 주는 상당수의 주석을 제시한다.[12] 이러한 여러 작업들은 《일반 언어학 강의》의 결정판과 이 결정판을 이루고 있는 자료들을 대조하고 있기 때문에, 이제는 이 작업들을 고려하지 않고서는 《일반 언어학 강의》에 대해서 말하는 것은 불가능하다. 따라서 《일반 언어학 강의》를 읽는다는 것은 더 이상 《일반 언어학 강의》만을 읽는 것이 아니다.

그러나 페르디낭 드 소쉬르의 또 다른 측면이 존재한다. 다시 말해 전문인들을 위한 논문들과 다른 사람들에 의해 집필된 세 차례의 일반 언어학 강의만으로 소쉬르의 지적인 관심사가 요약되지 않는다. 비록 글로 남겨진 흔적들이 얼마 되지는 않지만, 소쉬르가 어느 한 시기에 표면적으로 과학적 이성과는 정반대의 것에 열정을 가지고 있었음은 잘 알려진 사실이다. 그의 이러한 양면성은 흔히 낮과 밤에 비유된다. 즉 낮은 《일반 언어학 강의》라는 공인된 경로를, 밤은 숨겨진 연구로 알려지지 않은 측면을 각각 가리킨다. 이 비유가 단점이 있긴 해도, 이 '두 소쉬르' 사이의 관계에 대하여 질문을 제기하는 데 도움이 될 것이다.

1971년 장 스타로뱅스키가 아나그램(anagrammes)에 관한 소쉬르의 연구를 소개하는 《낱말 속에 숨은 낱말》을 출간하자, 사람들은 '제2의 소쉬르 혁명'[13]이라고까지 이야기했다. 도대체 어떤 내용인가? 1906년과 1909년 사이에, 즉 소쉬르가 일반 언어학에 관한 초기 강의들을 준비할 때, 그는 사투르누스의 라틴어 시에서 시인이 은밀하게 작시한 흔적을 발견했다고 생각하고 이를 아나그램이라 부른다. 시 속에(텍스트 '하위에(sous)'라고 말할 수 있다) 또 다른 텍스트가 있는데, 이 두 텍스트의 관계는 다음과 같은 규칙에 따라 기술될 수 있다고 한다. 몇 개의 낱말로 구성된 '테마(thème)'가 있다고 하자. 이 낱말들은 일반적으로 고유 명사이면서 일정한 수의 음성 분절들로 나뉜다. 시는 이 음성 분절들이 가능한 한 가장 많은 수가 되도록 구성된다. 예를 하나 들어 보자.

Taurasia   CIsauna   SamnIO   cePIt → SCIPIO.

소쉬르는 자신의 연구를 서사시·서정시 그리고 그리스어와 라틴어로 씌어진 극시, 후에는 라틴어 산문에 이르기까지 점차 확대해 가고, 도처에 아나그램이 '넘치는 것'을 밝혀낸다. 소쉬르는 이와 같이 아나그램이 많은 것은 시인이 의도적으로 작시한 것임을 드러내 주는 바라고 확신하면서, 당시의 라틴 시 집필자에게 그의 작품들에서 아나그램들이 나타나는 것은 '우연입니까, 아니면 의도적인 것입니까?'라고 묻는다.(스타로뱅스키가 재인용) 그 시인이 대답을 하지 않자, 소쉬르는 그 자리에서 1백40권의 필기 노트를 가득 메운 그 거대한 작업을 하나도 출간하지 않은 채 포기하기에 이른다.

《니벨룽겐》이라는 게르만 전설에 관한 연구는, 낮과 밤으로 비유되는 소쉬르의 양면성 중 어느 한쪽에 해당할 수 있다. 그리고 이 연구는 강의에 사용되었는데(1904), 이 18권의 노트들을 한 권의 저서로 묶어낼 계획이 있었는지는 몰라도 이들 가운데서 출간된 것은 하나도 없다. 소쉬르는 전설이 다양하게 재구성되는 것을 연구하고자 하였다. 새로운 해석본들이 출처를 이루는 역사적인 사건과의 거리를 점점 더 벌어지게 함으로써, 소쉬르는 전설을 구성하고 있는 요소들의 상징적인 성격에 대해 스스로 질문을 던진다.

뿐만 아니라 설어(舌語)의 한 경우(고안된 언어에서의 언어학적 표현)를 기술하고 있는 테오도르 플루노이라는 제네바의 한 정신의학자가 쓴 《인도에서 화성까지》(1900)라는 저서에는, 스미스 양이라는 예언가가 인도어라고 일컫는 언어를 기술한 장에 소쉬르의 이름이 산스크리트어 전문가로 25번 나타난다. 이 장의 상당 부분은 소쉬르가 플루노이에게 보낸 편지들에서 발췌한 내용들이다. 이처럼 타인의 작품에서 그의 발자취를 발견하게 된다. 즉 소쉬르가 아무런 저서도 남기지 않음으로써, 그가 수 년 동안(1895년에서 1898년까지) 왜 강신술 강연에 관심을 가졌고, 소위 인도어로 씌어진 작품들이 산스크리트어와 맺고 있는 관계를 왜 밝히려 했는지에 대해 우리가 알고 있는 것은 이것이 전부이다.

이 갖가지의 작업들과 《일반 언어학 강의》 사이에는 어떤 관련이 있을까? 바로 여기에 낮과 밤 비유의 한계가 있다. 왜냐하면 이 비유는 소쉬르가 양면적이라고 여겨지게 하지만, 이와는 반대로 우리는 어떤 일관성을 찾고자 하기 때문이다.

결론적으로 '제네바의 스승'은 집필 활동을 하지 않았지만, 소쉬르의 이름이 20세기 동안에 걸쳐서 이루어 놓은 것을 대표할 수 있는 이유는 다른 사람들이 그에 관한 저서를 썼기 때문이다. 오늘날 그의 작품에 접근하기 위해서는 원전들과 《일반 언어학 강의》로부터 시작해서 고델·엥글러와 드 모로의 주석에 이르기까지, 그리고 《일반 언어학 강의》가 이제껏 그리고 지금까지 계속해서 불러일으키고 있는 연구들을 차례로 다 들추어보아야 할 터이다.

우리가 본서를 읽어내려 가면서 이 모든 글들을 다 고려하겠지만, 그래도 《일반 언어학 강의》의 텍스트가 우리 연구의 중심이 될 것이다. 역사적인 복원을 하고자 하는 염려(스승의 원래 생각을 알고자, 혹은 스승이 의도한 바를 이해하고자 하는)에서 이 책을 읽는 것은 아니다. 편집자들이 이루어 놓은 작업의 질에 대해서 어떠한 견해를 가지고 있든지간에, 결국 구조주의[14]의 토대가 된 텍스트는 바로 그렇게 씌어진 《일반 언어학 강의》이다. 언어학에서부터 이 텍스트는 태어났고, 20세기 동안 내내 철학과 인문학에서는 이 텍스트를 차용하고 재구성해 왔다. 사람들은 바로 《일반 언어학 강의》 자체를 재해석·주해·인용·토론·반박했고, 결국에는 이 《일반 언어학 강의》를 제대로 평가하지 못한 경우도 자주 생겨났으나, 《일반 언어학 강의》는 많은 사상가들에게 영향을 주었다.

《일반 언어학 강의》의 텍스트에 전념하는 것이 곧 불가트[15]를 강요하는 일은 아니다. 이 용어는 《일반 언어학 강의》 텍스트와 명료하지 않고 모순되거나 문제시될 수 있는 측면들은 내버려둔 채, 흔히 이 텍스트에 대해서 할 수 있는 해석을 가리키는 데 쓰인다. 이 불가트가 《일반 언어학 강의》를 신성화하고, 소쉬르라는 인물을 신화시하고, 그리고는 그의 저서의 나머지 부분을 전부 버림으로써, 어느 정도로 소쉬르의 사고를 확고부

동한 것으로 만들고 그의 사고를 경직시켜 버렸는지 무수히 강조해야 할 터이다. 이와 같은 불가트식의 독해는 원전을 연구하기 시작하면서, 즉 60년대 이후로 거의 사라져 버렸다.

따라서 우리가 지금 이 책을 읽는 것은 총체적인 바를 보고자 함이다. 모든 이론적인 장치가 성립되고, 모든 개념들이 상호간에 관계를 유지하고 있다고 인정한다면 말이다. 실제로 소쉬르는 너무도 빈번하게 유리된 일련의 개념들을 통해서만 소개되어 왔다. 랑그(langue) / 파롤(parole), 기호(signe) / 시니피앙(signifiant) / 시니피에(signifié), 공시태(synchronie) / 통시태(diachronie), 통합(syntagme) / 계열(paradigme), 체계(système)와 가치(valeur) 등등. 이 상이한 개념들은 서로 어떤 관련이 있는가? 어떤 연관성이 있다고 보는 것이 바로 총체적인 독해의 쟁점이 될 터이다.

'문헌학적'인 관심에서 또한 이 책을 읽고자 한다. '발자취들'을 통해서만 사고에 접근할 수밖에 없는 혼성의 원전들을 토대로 이루어진 저서의 기원을 알아내기 위함이다. 이 '발자취들'이 그 기원을 파악하는 데 유용하기 때문에, 우리는 고델과 엥글러에 이어 원전들을 들추어볼 것이다.

이러한 관점에서 책을 읽는 것 이외에도, 소쉬르와 동시대의 인물들·선임자들·제자들·반대자들·편집자들·독자들·주해자들……과의 관계에 역점을 두는 역사적 시각에서도 이 책을 읽을 수 있다. 그러나 이러한 시각의 독해는 언어학에서 우리가 한 지적인 입장이 확립되는 양상에 관해 집중적으로 다룰 때, 그리고 이 입장에 우리가 상당한 시사성을 부여하고자 할 때에만 이루어질 것이다.

결국 이 독해는 나의 개인적인 독해가 될 것이다. 나의 독해가 지나치게 대담한 해석들은 경계하고 있지만, 나의 개인적인 관심사를 배제하지는 않았다. 이는 본서의 전개 과정에서 보이는 몇 가지 불균형에 대한 설명이 된다. 예를 들어 체계와 구성 원리에 관한 장이 기호에 관한 장보다 더 길게 다루어지고 있다. 따라서 본 독해는 **언어학적인 성격**으로 규정될 수 있으며(기호학적·문헌학적·역사적 성격의 독해……도 존재한다), 그렇기 때문에 이 독해는 일반적으로 혁신적이라고 주장하는 바보다 더 혁신적인 소쉬르를 제시할 것이다.

2

《일반 언어학 강의》는 어떻게 만들어졌나

1894년 메예에게 보내는 서한

나는 이 모든 것에, 그리고 일반적으로 언어 활동의 사실들에 대해 상식적인 의미를 지닌 열 줄의 글을 쓰는 데도 부딪치게 되는 어려움에 진저리가 나네. 나는 특히 이 사실들을 논리적으로 분류하고, 이 사실들을 다루는 관점들을 분류하는 데 오래 전부터 몰두해 오면서, 각 조작을 예견된 범주에 귀착시킴으로써 언어학자에게 **그가 하는 일이 무엇인지**를 보여 주는 데 필요하게 될 작업의 방대함과 동시에, 결국에는 언어학에서 할 수 있는 모든 것의 헛됨을 점점 더 알게 되네.

결국 내게 있어 관심이 가는 부분은 단지 언어의 회화적인 측면, 즉 어떤 기원을 갖는 어떤 한 민족에 속하는 것으로 다른 모든 언어들과 구별해 주는 측면, 바로 민족지학적인 측면이라네. 그런데 마침 나는 아무런 저의 없이 이 연구에 전념할 수 있는 기쁨도, 특수한 환경에 기인하는 특수한 현상을 즐기는 기쁨도 이제는 더 이상 느끼지 못한다네.

현행 학술 용어들의 절대적인 무능과 이에 대한 개혁의 필요성, 그리고 이를 위해서 일반적인 의미의 언어가 어떠한 종류의 대상인지를 보여 주어야 하는 필요성이, 비록 내게 가장 소중한 소망이 일반적인 의미의 언어를 다루지 않아도 되는 것이라 해도 끊임없이 역사에 대한 나의 즐거움을 망친다네.

이러한 것은 결국 내가 원치 않더라도 한 권의 책이 되겠지만, 이 책에서 나는 아무런 열의나 열정 없이 왜 언어학에서 사용되는 용어 가운데 내가 어떤 의미를 부여하는 용어가 하나도 없는지 설명하게 될 걸세. 그리고 고백하건대 그런 다음에야 나의 연구를 내가 중단했던 지점에서 다시 시작할 수 있을 걸세.

《페르디낭 드 소쉬르 노트》, 21 발췌문)[1]

1911년 5월 6일 고티에와의 대담

[…] 나는 늘 내 일반 언어학 강의 때문에 걱정이 많다네. ("나는 그에게 언어 활동에 관한 그의 철학 체계 중에서 한 가지 요소만이라도 알고자 간절히 바란다고 말한다.") 그렇지 않다네. 그 모든 것이 아직 완성되지 않았네. ("나는 그에게 베르트하이머 생전에 이 주제들에 대해 연구한 적이 전혀 없었는지 묻는다.") ——그 반대일세. 그 이후로 첨부한 것이 하나도 없다고는 생각지 않네. 이 주제들에 대해서는 특히 1900년 이전에 관심을 가졌었지. 올해는 언어 활동에 속하지 않는 많은 문제들에 관해 많은 이야기를 했다네. 올 겨울은 여기서부터 시작했지만 충분할 수는 없겠지. 나는 진퇴양난에 놓이게 되었다네. 즉 주제를 복잡한 그대로 제시하면서 나의 모든 의구심을 밖으로 쏟아 놓을 것인가. 이는 시험을 보아야 하는 강의에서는 적합치

않겠지. 아니면 언어학자들이 아닌 학생 청중에게 더 적합하도록 단순화시킬 것인가. 하여간 매순간마다 주저하고 있음을 느낀다네. 성공적으로 마치기 위해서는 몇 개월을 심사숙고해야 할 것 같네.

지금으로서는 내게 일반 언어학이 하나의 기하학 체계처럼 여겨지네. 결국에는 증명을 요하는 정리(定理)들에 도달하는 것이지. 그런데 정리 12는 다른 형태로 정리 33과 같다는 사실을 확인하게 되지.

첫번째 진리: 랑그(langue)는 파롤(parole)과 다르다. 이는 생리학과 관계된 문제를 면밀히 분석하는 데만 쓰일 뿐이지. 그 다음에는 순전히 심리학 소재만이 남게 되지. 그런데 내가 볼 때는 여러 상반된 경로를 통해 이 첫번째 필요성에 이르게 되는 듯하네. ("여기서 내가 기억하지 못하는 부분이 있다.") ——다음에는, 그렇다네. 본질적인 것은 바로 단위들에 대한 문제이지. 실제로 언어는 각 요소가 형태에 따라 오려진 것이 아니라, 요소들이 가위로 싹둑싹둑 잘린 하나의 선에 비유될 수 있다네. 이 요소들, 이것들은 무엇인가? 등등.

("나는 그에게 이 주제들에 관해 그의 생각을 적어 놓았는지 물어보았다.") ——적어 놓은 것이 있기는 했었지만, 이미 찢어져서 그것들을 다시 찾아낼 수가 없다네. ("나는 그가 이 주제들에 관해 무언가를 내놓아야 한다고 넌지시 말했다.") 출간되지 않은 연구가 여기('그는 제스처를 취한다') 이렇게 많은데, 출간을 위해서 그 긴 연구를 다시 시작한다는 것은 무분별한 일이겠지.

(고델, 《일반 언어학 강의 수사본》)

잠시라도 '집필공포증'에 걸리지 않은 소쉬르를 상상해 보자. 만일 소쉬르가 일반 언어학 강의에 대한 자신의 연구를 토대로 손수 책을 썼다면, 그 책은 다른 학술 저서들과 유사했을지도 모르며, 지금의 《일반 언어학 강의》가 가지고 있는 영향력을 지니지 못했을지도 모른다. 따라서 《일반 언어학 강의》텍스트가 만들어진 내력에 관심을 가져 볼 만하다.

서문에서 발리와 세슈에는 그들이 한 선택에 대해 설명한다. 무엇보다도 먼저 그들은 학생들이 필기한 바를 고증하여야 했고, 3기에 걸쳐 행해진 강의에 대해서 때로는 서로 일치하지 않는 판본들을 낱낱이 비교하여야 했다. 말로 전달된 텍스트를 문어로 옮기는 일에 대한 어려움을 알고 있었으므로 그들은 그 전부를 출간하는 것을 단념한다. 그들은 또한 강의들 가운데서 한 기(期)에 행해진 강의만을 편집하려는 의견도 수용하지 않는다. 그 이유는 강의 계획안이 해마다 같지 않았기 때문에 흥미로운 요소들이 빠질 수 있기 때문이다. 아니면 선정한 부분들만을 편집할 수도 있지만, 그렇게 되면 내용 전개의 맥이 끊어질 것이다. 그들은 자신들이 하려는 기획의 한계를 잘 알고 있으면서도, '더 과감한' 방안('가지고 있는 자료들을 전부 사용하면서 제3강의를 토대로 재구성하고 종합하려는 시도')을 채택한다.

그들이 쓴 3백17페이지에 달하는 저서의 최종 형태는 5개의 부분으로 구성되어 있다. 먼저 서론(특히 언어학의 대상에 관련된 문제들이 제시되고 있다)이 있으며, 여기에 음운론에 관한 부록이 첨부되어 있다. 제1부 '일반 원리들'(여기서는 기호와 공시태가 다루어지고 있다), 제2부 '공시언어학'에서는 단위(unité)·동일성(identité)·체계(système)·가치(valeur)·관계(rapports) 그리고 구성 원리에 관한 개념들이 전부 나온다. 제3부 '통시언어학'에서는 변화(changements)·유추(analogie)와 민간어원설(étymologie populaire)(제2부와 3부의 부록도 같이)을 다루고 있다. 그 다음에 제4부 '지리언어학'과 제5부 '역사언어학의 제문제와 결론'이 있다. 여기서 이 부분들에 대해서는 전혀 언급하지 않기로 하겠다.

편집자들이 이 작업을 하기 위해서 사용했던 원전들은 정확히 무엇으로 이루어져 있는가? 고델의 저서가 이것들을 기술하고 있다.

—— 소쉬르가 적은 메모들[2]이 있는데, 이들 가운데 상당 부분은 1894년경에 씌어졌다. 이 해에 소쉬르는 일반 언어학에 많이 몰두했었고(메예에게 보내는 서한 참조), 어쩌면 저서를 구상했을지도 모른다. 역시 1894년경 그 해에 생을 마친 미국의 언어학자 휘트니에게 경의를 표하기 위해 쓴 70페이지의 노트가 있다. 소쉬르는 이 기회를 통해 자신의 생각을 소개하려 했지만, 결국에는 아무것도 쓰지 못하고 미국 연합의 비서에게 회신조차 하지 못한다. 해가 지남에 따라 씌어진 이 노트 전체 가운데 한 부분은 사라지거나 소멸되었다.

—— 3기의 강의들을 준비하기 위해 쓴 노트들이 있는데, 그 분량이 적고 간략하며 단지 몇 번의 강의량에 해당될 뿐이다.

—— 3기에 걸쳐 행해진 강의 때 학생들이 필기한 노트들이 있다. 각 기(期)의 강의들은 소재, 계획, 그리고 형식면에서 각기 다르다. 편집자들은 구할 수 있는 노트는 전부 모으려 했으

며, 이것이 가능했던 이유는 가령 〈제3강의〉에는 수강생이 네 다섯 명을 넘지 않았기 때문이다.

원전은 이것이 전부다. 고델과 엥글러는 위의 자료들을 각자의 저서에 다음과 같은 방식으로 소개한다.

── 1957년에 출간된 로베르 고델의 《일반 언어학 강의의 수사본》은 소쉬르와 일반 언어학과의 관계를 보여 주는 도표를 제시한 후에, 《일반 언어학 강의》를 이루는 자료들을 전부 기술하고 있다. 마지막에는 해석의 주요 문제들에 대해 긴 지면을 할애한다.

── 루돌프 엥글러의 《고증본》은 여섯 개의 난으로 나뉜 텍스트를 제시하고 있다. 왼쪽 난에는 《일반 언어학 강의》 텍스트 자체가 1번부터 3천2백81번까지 번호가 매겨진 짧은 단편들로 나누어져 있다. B, C, D난에는 편집자들이 알고 있는 원전들을 제시하고 있고, 각 단편에 대해서 학생들의 노트에서 확인 가능한 출처를 같이 제시해 놓고 있다. (참조 체계를 해놓음으로써 원하면 연속해서 출처를 따라갈 수 있도록 하였다.) E와 F난은 1916년에는 알려지지 않았으나, 고델에 의해 발견된 텍스트를 소개(예를 들어 학생의 다른 공책과 노트들)하고 있다.[3]
──본서의 28쪽과 29쪽에 복사해 놓은 페이지를 참조할 것.

엥글러의 작업 덕분에 이 텍스트의 역사, 즉 소쉬르가 구두로 행한 발표에서부터 학생들이 한 필기에 이르기까지, 그리고 편집자들이 이 필기를 해독하는 것에서부터 《일반 언어학 강의》 편집에 이르기까지의 자취를 거슬러 올라갈 수 있다. 이와 같이 이어진 전달이 결정본 텍스트에 얼마만큼의 영향을 끼쳤는지에 대한 평가가 남아 있다.[4]

비록 그 순서가 전반적으로 지켜지지는 않았지만, 텍스트의 구성은 〈제3강의〉를 기초로 짜여져 있다. 실제로 이 〈제3강의〉에서 소쉬르의 구상은 다음과 같은 방식으로, 즉 언어들의 다양성에서부터 랑그에 이르기까지, 그리고 랑그에서 언어학에 이르기까지로 요약될 수 있다. 편집자들은 《랑그》를 먼저 다루고, 《언어들과 그 다양성》은 저서 맨 뒷부분(3부, 4부, 그리고 5부)에 두기로 했다.

〈제3강의〉는 서론, 제1부, 제2부, 그리고 제4부의 기본 출처를 이루고, 〈제1강의〉는 제3부와 부록의 출처를 이룬다. 〈제2강의〉는 보충적으로 사용되었고, 몇몇 장의 출처를 이룬다. 소쉬르가 써놓은 메모들에 대해서, 편집자들은 그 가운데 여러 요소들을 별도로 만든 텍스트 안에서만 이용하게 했다.

학생들의 필기는 텍스트에 삽입될 수 있도록 손질을 하였고, 대체로 그것들과 의미가 아주 가까운 환언 문장을 제시하고 있다. 용어들의 경우에는 여러 용어들이 〈제3강의〉에서부터 나타나기 때문에, 용어들을 조정하는 경우처럼 수정을 많이 한 부분들은 최소화하였다. 편집자들은 또한 얼마 되지는 않지만, 모호하거나 너무 암시적인 부분들에 대해서는 명료하게 표현해 놓았고, 예문을 덧붙이거나 바꾸었으며, 도식에는 주석을 추가하였다.

사고를 조금 경직시키는 것에서부터 개념들의 제시 순서를 바꾸거나, 원전의 내용에 비해 어떤 부분의 중요성을 축소하는 것에까지 이르는 몇 군데의 수정만이 원전의 충실성 여부에 대해 다소 심각하게 논란의 대상이 되고 있다.

이러한 수정들이 해석에 있어 중요성을 갖게 될 때에 3장, 4

2 IV §1 al. 12   164(158)
1850 구체적인 실체들(entités)이나 언어(랑그)의 단위들을 곧바로 파악할 수 없어서 우리는 낱말들을 이용한다. 낱말들은 언어 단위의 정의에 정확히 일치하지는 않지만(p.151참조), 그래도 언어 단위가 무엇인지에 대한 대략의 생각은 가져다 주며, 이 생각은 구체적이라는 이점을 갖고 있다. 1851 따라서 우리는 낱말들을 공시 체계의 실제 항들과 등가를 이루는 표본들로 여길 것이며, 또한 낱말들에 관하여 이끌어 낸 원칙들은 일반적인 실체들에 대해서도 유효할 것이다.

D261 [1683의 연속]   SM III 142
1850 (=1756) 정태언어학에서 첫번째 문제는 '단위들' 혹은 '실체들'의 문제이다. 그러나 이 문제가 랑그를 구성하고 있는 것이 무엇인지에 대해 가장 쉽게 이해시켜 주지는 못한다. 차후에 다시 되돌아오더라도, 이 단위들을 알고 있다고 잠정적으로 인정을 '할 수 있고,' 그리고 각자에게 낱말들을 식별하게 해주었던 경험적인 사실에 근거해서, 낱말들에 관하여 마치 그것들이 그 차례로 별개의 총체들인 것처럼 이야기를 '할 수 있다.' 따라서 낱말이라는 단위가 아니라 '낱말들'(낱말 안에 있는 단위)을 보도록 하자.

S 2.37 [1683의 연속]
1850 식별해야 할 '단위들' 혹은 '실체들'의 문제. 낱말 안에 있는 '단위들.'

1851 먼저 낱말들을 체계의 항들로 간주하고, 그리고 그것들을 체계의 항들로 보아야 할 필요성이 있다. 랑그의 모든 낱말은 다른 낱말들과 관련이 있고, 아니 오히려 다른 낱말들과의 관계에 따라서 그리고 그 주위에 있는 것에 근거해서만 존재한다. 낱말의 가치가 무엇인지를 자문해 보면 더욱더 명백해진다.
[1847에 계속]1862 (éd.)

1851 낱말들 = '체계의 항들.' (필요성(삭제됨))
[1847에 계속

1862 §2. — 개념적 측면에서 본 언어적 가치

2 IV §2 al.1   164(158)
1853 한 낱말의 가치에 대해 이야기할 때, 일반적으로 그리고 우선 낱말이 관념을 나타낸다는 특성을 생각하게 되며, 바로 그것이 사실상 언어적 가치의 여러 측면들 가운데 하나이다. 그러나 만일 그러하다면 이 가치는 소위 '의미 작용(signification)'이라 부르는 것과 무엇이 다른가? 이 두 낱말들은 동의어인가? 1854 비록 그 혼동이 용어들간의 유사성에서보다는 이들을 구별하는 데서 오는 미묘함에서 생겨나는 만큼 이들을 혼동하기 쉽지만, 우리는 이 두 낱말들을 동의어라 생각지 않는다.

D 269 [1816의 연속]   SM III 148
1853 (II°) δ장 〈VII〉 항들의 가치와 낱말들의 의미 ; 이 두 가지는 어떤 점에서 서로 혼동되며, 혹은 구별되는가 (270) 항들이 존재하는 곳에 가치들도 존재한다. 가치의 개념은 항상 항의 개념 속에 내포되어 있다. 가치의 개념에 대해서 정해진 생각을 갖기란 항상 어려운 일이다. '가치'는 여기서 '의미(sens), 의미 작용'과 동의어가 된다.
[1862에 계속]

S 2.40 [1816의 연속]
1853 항들의 가치와 낱말의 의미
항들이 존재하는 곳에 가치들도 존재한다.
[1858에 계

II R 52 (1808의 연속)   SM II 63
1854 [=1808] '가치'란 '의미 작용'이 아니다.
[1862의 계속]

G. 1.14a [1808의 연속
1854 '가치'는 '의미 작용'이 아니므로.
[1862에 계

D 270 [1853의 연속]   SM III 148
1855 그리고 이것은 또 다른 분야의 '혼란'을 보여 주며, 그 사항들 자체 내에서는 더 그러할 것이다.

복사한 페이지

나란히 읽힌다.
의 텍스트를 볼 수 있다.
원전이 없으므로 비어 있다.

J 187 [1683의 연속]
[1850] '낱말들'의 '단위들'을 보기로 하자.

[1851] 우리는 '낱말들'을 '체계의 항들'로 간주한다.
[1981에 계속]

III C 378 [1683의 연속]
[1850] 정태언어학에서 '우리 자신에게 제기해야 할' 첫번째 문제는 식별해야 할 실체들 혹은 단위들의 문제이지, 랑그가 무엇으로 구성되어 있는지에 대해 '가장 쉽게' 고찰하도록 하는 문제가 아니다.
이 단위들이 우리에게 주어졌다고 잠정적으로 인정할 수 있다. 랑그의 낱말들에 대해 마치 그것들이 그 자체로 별개의 총체들로, 다시 말해 경험적인 사실에 근거해서 이야기할 수 있으며, 이 경험적 사실을 가지고 문법학자들과 각자의 언어 어법을 쓴 자들은 낱말들을 분별할 수 있었다. 따라서 랑그를 자세히 살피지 않은 채 낱말 안에 있는 단위들을 보기로 하자. (379)
[1851] I°. '체계의 항들로서의 낱말들'. '낱말들'을 '체계의 항들'로 보아야 할 필요성. 랑그의 모든 낱말은 다른 낱말들과의 관계에 따라서/(262) 그리고 그 주위에 있는 것에 근거해서만 존재한다. 이는 낱말의 '가치'가 무엇인지를 자문해 볼 때 아주 명백해진다.
[1847에 계속]

III C 391 [1816의 연속]
[1853] V장. 항들의 가치와 낱말들의 의미. 이 두 가지는 어떤 점에서 서로 혼동되며, 혹은 구별되는가.
항들이 존재하는 곳에는 가치들도 존재한다. 가치의 개념은 항의 개념 속에 암시적으로 내포되어 있다. 이 두 개념들을 떼어 놓기란 항상 어렵다. '가치'에 대해서 이야기하면, 가치가 '여기서'는 의미(의미 작용)의 동의어가 되어 버리는 것을 깨닫게 된다.
[1855에 계속]

32 [1808의 연속]
'가치'는 '의미 작용'는 다른 것이다.

II C 40 [1808의 연속]
[1854] 가치는 의미 작용이 아니다.
[1862에 계속]

III C 391 [1853의 연속]
[1855] 그리고 이것은 또 다른 분야의 혼란을 보여 준다. (여기서의 혼란은 그 사항들 자체 안에서는 더 할 것이다.)

장, 5장, 그리고 6장을 검토하면서 그 수정들에 대해 언급하기로 하겠다. 여기서는 《일반 언어학 강의》에서 가장 빈번히 인용되는 문구들 가운데 하나로, 결론을 내리는 문구의 예만을 들기로 하겠다. "언어학의 유일하고 진정한 대상은 그 자체로, 그리고 그 자체를 위해서 고찰한 언어이다." 이 문구는 전적으로 편집자들이 만들어 낸 것이다. 비록 《일반 언어학 강의》의 진의에 어긋나는 것은 아니라 해도, 이 문구는 배타성을 강조하고 있어서 《일반 언어학 강의》라는 이름만으로 많은 구조주의자들이 소쉬르의 사고가 체계의 모든 역동성, 사회의 모든 조건화, 역사와의 모든 연관성을 배제한다고 해석한 것도 그리 놀라운 일은 아니다.

그럼에도 불구하고 소쉬르의 생각을 받아들이기 위해 대부분의 경우 자신들의 의견을 버릴 줄 알았던 편집자들이 이룬 작업에 대해 경의를 표하지 않을 수 없다. 편집자들이 1922년에 두번째 판본을 내놓았을 당시, 기본 개념들에 대한 논쟁이 격렬했음에도 그들이 세부 사항만을 수정한 사실이 입증해 주듯이, 자신들이 소쉬르에 충실하고 있다는 점에 대해서는 전혀 의심하지 않는다.

하지만 편집자들은 그들이 완전한 소쉬르를 제시하려 했다는 비난을 받을 것이다. 편집자들은 불명료하고 모순되게 비추어질 수 있는 것, 심지어는 단순히 아직 정립되지 않은 생각을 드러내는 것을 전부 없애 버렸다. 즉 그들은 불안한 학자를 스승으로 만들고자 한 것이다. 물론 첫 단계로(편집자들의 단계) 기본 목표가 일관성에 대한 염려였음은 이해할 수 있다. 하지만 이런 시기는 이미 지나갔고, 이제는 일반 언어학이 소쉬르에게 불러일으킨 불안감에 관심을 가질 때이며, 이는 편집자들의 작업 덕분에 가능해졌다. 첫번째 단계는 '구두 강의에 따르게 마련인 변이들, 불확실함'에 대한 매 생각을 끌어내야 한다. (서문) "엥글러는 자신의 서문에서 오늘날의 연구는 변이들, 그리고 사고를 고취하고 풍요롭게 하는 모든 불확실성에 관심을 갖는다고 밝힌다."(첫번째 부록 p.x)

이는 소쉬르가 일반 언어학과 맺은 관계가 만족스러운 열정이 아님을 확인할 수 있기 때문이다. 본서의 21쪽에 재현해 놓은 메예에게 보내는 서한은 소쉬르가 당시의 언어학에 만족할 수 없었음을 보여 주고 있다. 소쉬르는 지금껏 어떤 언어학자도 "한편으로는 **언어학자들이 하는 일이 무엇인지를** 전체적으로 파악하는 데 필요하고, 다른 한편으로는 언어학자들이 하는 일이 어떤 면에서 정당하며 과학 전반에서 왜 존재해야 하는지 이유를 보여 주는 데 필요한 그 추상화의 단계에 다다르려는 생각조차" 하지 않은 사실에 놀란다.(주 10, 《페르디낭 드 소쉬르 노트》, 12)

언어를 '엄격한 체계'로 분석한(1909년 리들링거와의 대담, 《수사본》에 재현) 소쉬르는 이론에서도 엄격한 형태를 주고자 하였으며, 그가 필요로 한 비교는 바로 기하학과의 비교이다. 언어 이론과 기하학과의 대조는 결정적인 문제점을 조명할 수 있도록 한다. 그것은 언어 이론을 제시하는 데 있어 순서의 어려움이다. "이 주제를 어렵게 하는 것은 기하학의 몇몇 정리들처럼 여러 측면에서 주제를 볼 수 있다는 점입니다. 정태언어학에서는 모든 것이 서로 필연적으로 귀결됩니다. 단위(unités)·차이(différences)·대립(oppositions) 등 그 어떤 것에 관해 이야기해도 귀착점은 같습니다."(리들링거와의 대담)[5]

그러면서도 소쉬르는 여느 때처럼 자신이 사용한 은유의 한계를 보고, 정리와는 별도로 다음과 같이 정의된 금언의 예를 제시한다. "경구도 원리도 명제도 없고, 다만 '경계 획정, 경계만이 있을 뿐이며, 이 경계들 사이에서 처음의 진리를 끊임없이 발견하게 된다.'"(《수사본》)

따라서 이 순서라는 항구적인 문제는 소재 자체의 문제이지 방법(혹은 방법의 부재)에서 기인하는 것이 아니다. 《일반 언어학 강의》에 접근할 때에는 《일반 언어학 강의》가 논쟁점을 찾으려는 사고를 제시한다는 사실을 알아야 한다. 소쉬르는 해마다 자신의 구상을 바꾸면서 1894년에 적은 주석에서 제기한 문제들을 다시 언급한다.

"따라서 결코 출발점이 있어서는 안 됩니다. 그리고 만일에 독자가 이 책(권)에 나타나는 우리의 사고를 처음부터 끝까지 주의 깊게 따라간다면, '아주 엄격하게 지켜진 순서가 없다는 점'을 인정할 것이라고 확신합니다.

실제로 '증명을 정당화하기 위해 가장 적합한 출발점이란 존재하지 않기' 때문에, 우리는 독자의 눈에 같은 생각을 서너 번까지 되풀이할 것입니다."(주 9, 《페르디낭 드 소쉬르 노트》, 12)[6]

제시의 순서 문제는 소쉬르가 처음 고찰하기 시작하면서부터 이미 제기된다. 이 점이 소쉬르에게 그리고 후에 편집자들에게 문제가 되었으므로, 우리의 작업에도 어떤 순서로 제시할

지는 당연히 문제가 되었다. 어떤 순서를 채택할 것인가?

《일반 언어학 강의》의 순서는 어떠한가? 어느 정도까지 《일반 언어학 강의》가 해석에, 그리고 모호함에도 근거를 두는지 보게 될 것이다. 《일반 언어학 강의》의 순서가 강의들 중 그 어느것에도, 특히 〈제3강의〉에는 전혀 일치하지 않으므로 《일반 언어학 강의》의 순서를 특별히 우선시할 이유가 없다. 《일반 언어학 강의》의 순서는 여하튼 개념들간의 이론적 연관성을 제시하지 못하고 있어서 총체적 이해를 힘들게 한다.

원전의 순서는 어떠한가? 이것은 〈제1, 2, 3강의〉 중 하나를 선택하도록 해서 선정된 강의에 나타나지 않는 바는 등한시하게 될 것이다.

소쉬르의 고찰에서 개념들의 형성 과정을 재구성한 순서는 어떠한가? 그러나 이는 총체적 이해에 도움을 주지 못한다.

또 다른 해결안은 이론적인 구성 전반에서 각 개념이 지니는 위치를 고려하면서 논리적인 순서를 전개하는 것이다. 그러나 이것은 두 가지 문제점을 제기한다. 하나는 즉시 해석의 문제를 제기하는데, 이는 어느 지점에서 출발하느냐에 따라 달라지기 때문이다. 또 다른 문제는 더 난제로 《일반 언어학 강의》를 순서대로 설명할 수 없고, 하나의 개념을 끌어내어 이 개념으로부터 모든 것을 유추해 낼 수 없다는 점이다. 게다가 한 길을 통해서만 어느 지점에 도착하는 것 또한 불가능하다. 즉 다양하지만 서로 상반되지 않은 접근 방법들이 여러 문제에서 동시에 생겨난 개념을 확립하는 데 기여하는 것이다.[7]

이렇게 해서 우리가 채택한 해결안에 이르게 되었다. 즉 우리의 접근 방법들은 마치 묶음이나 여정처럼 부분적으로 서로 일치하기도 하면서 개념 영역들을 다룰 것이다. 따라서 우리는 전체적으로 때로는 개별적으로, 필요하면 개념들을 반복하기도 하고 분산시키기도 하면서 전개해 나갈 것이다. (예를 들면 공시태/통시태 대립은 4장, 5장, 그리고 6장에서 동시에 다룬다.) 이처럼 동시에 다루는 전개 방식은 명제들을 세우는 일이 아니라 상이한 관점들간의 관계에 역점을 두는 것이며, 궁극적으로는 **언어장**(le linguistique)이 구축될 터이다.

오늘날 소쉬르의 업적을 어떻게 평가할 것인가? 이는 언어이론에서 무엇을 기대하는가에 대한 질문을 제기하게 한다. 세 가지 요소로 대답할 수 있다.

—— 가장 많은 수의 언어 사실들을 설명하는 것.

—— 랑가쥬가 기능하는 데 있어서 각 랑그의 체계에 부합되게 일상 파롤에서나 특수한 사용에서 무엇이 새로운 발화체들(énoncés)을 만들어 내는지 이해하는 것.

—— 랑가쥬와 관계 있는 여러 다른 분야 가운데서 언어학자의 작업의 특이성을 정의하는 것.

바로 이것이 아마도 《일반 언어학 강의》가 끊임없이 가져다주는 이점의 비밀들 가운데 하나일 것이다. 즉 긴 시간을 두고 발화체들간에 반향을 불러일으키면서 개별적으로 항상 이해되는 것은 아니지만, 서로 관련을 맺고 있는 발화체들은 언어에 대한 한 관점을 (강요하기보다는) 시사하는 것이며, 이로부터 각자 언어가 어느 정도까지 생산적인가를 짐작할 수 있게 된다.

3

기 호

《일반 언어학 강의》 발췌문, 제1부, 1장, pp.97-100.

언어 기호의 성격

1. 기호, 시니피에, 시니피앙

언어를 그 근본적인 원리에 비추어 하나의 목록으로, 즉 사물의 수에 상응하는 어휘들의 목록으로 보는 사람들이 있다. 예를 들면 언어에 대한 이와 같은 견해는 많은 점에서 비판의 여지가 있다. 이는 낱말이 있기 이전에 이미 개념들이 있다고 전제하는 것이다.(이 점에 관해서는 p.155 참조) 또한 이 견해는 그 명칭이 음성적 성격의 것인지, 아니면 정신적 성격의 것인

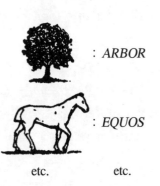

: *ARBOR*

: *EQUOS*

etc.   etc.

지 알려 주지 않는다. 왜냐하면 arbor는 이 두 가지 측면에서 모두 고려될 수 있기 때문이다. 마지막으로 이 견해는 명칭을

사물에 이어 주는 관계가 아주 단순한 작용임을 전제하는데, 이는 사실과 거리가 멀다. 그럼에도 불구하고 이같은 단순 지향적인 관점은 언어 단위가 두 측면이 결합된 것으로, 양면적임을 보여 줌으로써 진리에 다가갈 수 있게 한다.

우리는 p.28에서 파롤의 순환에 관하여, 언어 기호 속에 내포된 이 두 측면들이 둘 다 정신적이고 우리의 두뇌 안에서 연상이라는 관계로 결합되어 있음을 보았다. 이 점을 강조하기로 하자.

언어 기호는 사물과 명칭을 결합하는 것이 아니라 개념(concept)과 음향 영상(image acoustique)[1]을 결합하는 것이다. 이 음향 영상은 물리적인 음, 즉 순전히 물질적인 것이 아니라 이 음의 정신적 자국(흔적), 즉 이 음에 대해서 우리의 감각으로 확인된 표현이다. 이 음향 영상은 감각적이며, 만일에 이것을 '물리적'이라고 부르는 경우가 있다면, 그것은 다만 이와 같은 의미에서이고 연상의 이면, 즉 일반적으로 더 추상적인 성격의 개념과 대립을 이룰 때일 뿐이다.

음향 영상의 정신적 성격은 우리의 언어 활동을 관찰해 보면 잘 나타난다. 입술이나 혀를 움직이지 않고도 한 편의 시를 마음속으로 낭송할 수 있다. 언어의 낱말들이 우리에게는 음향 영상이기 때문에 낱말들을 이루는 '음소(phonèmes)'를 거론해서는 안 될 것이다. 음성 행위의 개념을 함축하고 있는 이 음향 영상이라는 용어는 발화된 낱말, 즉 담화 속에서 내적 영상이 실현된 것에만 적합할 수 있다. 낱말의 '소리(sons)'와 '음절(syllabes)'에 대해 언급할 때, 음향 영상과 관계된다는 바를 상기하기만 한다면 이러한 오해는 피할 수 있다.

따라서 언어 기호는 두 측면을 가진 정신적 실체이며, 다음과 같은 그림으로 나타낼 수 있다.

이 두 요소는 긴밀하게 결합되어 있으며 서로를 요구한다. 우리가 라틴어 낱말 'arbor'의 의미를 찾든, 라틴어에서 '나무'라는 개념을 지칭하 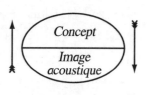 는 낱말을 찾든, 분명히 언어에 의해 인정된 결합들만이 우리에게 현실과 일치된 것으로 나타나며, 우리는 상상할 수 있는 여타 의미들은 전부 제외시키게 된다.

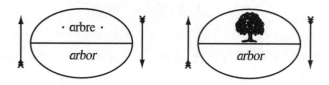

이러한 정의는 용어에 있어서 중요한 문제를 제기한다. 우리는 '기호(signe)'를 개념과 음향 영상의 결합이라고 부른다. 하지만 흔히 이 용어는 일반적으로 음향 영상만을, 예를 들어 한 낱말(arbor 등)을 가리킨다. 만일에 'arbor'를 기호라고 부를 경우는, 이것이 '나무'라는 개념을 지니고 있을 때에만 그러하다는 사실을 잊고 있는 것이다. 그래서 감각부의 생각이 전체의 생각을 함축하게 된다.

만일 이 세 개념들에 대립을 이루지만 서로를 요구하는 명칭을 부여한다면 모호성은 사라질 것이다. 우리는 전체를 가리키기 위해서는 '기호'라는 표현은 그대로 사용하고, '개념'과 '음향 영상'을 각각 '시니피에'와 '시니피앙'으로 대체할 것을 제안한다. 이 두 용어는 이들을 서로 구별해 주고, 혹은 이 두 용어가 속해 있는 전체로부터 이 두 용어를 구별해 주는 대립 관계를 표현해 주는 이점이 있기 때문이다. 우리가 '기호' 라는 용어를 그대로 사용하는 것은 일상 언어에서 다른 용어를 제시하고 있지 않아서, 다른 것으로 대체할 수가 없기 때문이다.

이처럼 정의된 언어 '기호'는 두 가지 주요한 특성을 지닌다. 이에 관해 언급하면서 이 영역에 관한 연구 전반에 대한 원칙들을 제시할 것이다.

2. 제1원칙: 기호의 자의성

시니피앙을 시니피에에 결합하는 관계는 자의적이며, 나아가서 우리는 기호를 시니피앙과 시니피에와의 결합 결과로 생겨난 합으로 정의하기 때문에 간단히 "언어 기호는 자의적이다"라고 말할 수 있다.

따라서 'sœur'라는 개념은 시니피앙으로 쓰이는 s-ö-r라는 일련의 음들과는 어떠한 내적인 관계도 맺고 있지 않으므로, 다른 일련의 음으로도 표현될 수 있다. 그 증거로 언어들간에 차이가 있다는 점, 그리고 상이한 언어들이 존재한다는 점을 들 수 있다. 즉 'bœuf'라는 시니피에는 국경 한편에서는 b-ö-f라는 시니피앙을, 그리고 그 저편에서는 o-k-s라는 시니피앙을 갖고 있다.

기호의 자의성 원칙에 대해 아무도 반론을 제기하지 않는다. 그러나 때로는 진리에 적합한 자리를 찾아 주는 일보다는 진리를 발견하는 것이 더 용이하다. 위에서 언급한 원칙은 랑그의 언어학 전반을 지배하므로 그 결과는 헤아릴 수 없이 많다. 그 결과들 모두가 대번에 대등한 명백성을 갖고 나타나지 않는 것은 사실이다. 많은 우회를 겪은 후에야 이 결과들을 발견하게 되며, 이 결과들로 상기 원칙의 근본적인 중요성을 발견하게 된다.

이 장에서는 랑가쥬와 모든 언어 이론에 대한 고찰 전반이 직면하는 문제를 통해 언어를 분석할 것이다. 음성이나 철자의 물성이 의미를 전달하는데 이것을 어떻게 설명할 것인가?

이는 철학에서는 고전으로 다루어지지만, 언어학에서는 이와 동일한 관심거리로 다루어지지 않는 두 가지 문제점을 논의케 할 것이다.
—— 우리가 듣는 것(소리)과 그것이 뜻하는 것(의미)과의 관계. 이는 언어학에서는 보편적으로 존재하는 문제이다.
—— 언어와 현실과의 관계. 이 문제는 소쉬르의 깊은 영향을 받은 언어학자들에 의해 중단되었고, 이들은 현실을 그들의 연구 영역에서 제외시킨다.

이 두 문제간의 관계는 전통적으로 기호를 상징하는 삼각형을 사용해서 다루어져 왔으며, 철학적인 접근에서는 기호를 사물(chose), 낱말(mot), 그리고 개념(idée)으로 표현한다.
소쉬르도 마찬가지로 기호라는 개념을 사용한다. 적어도 그가 스토아학파로부터 전해 내려오는 랑가쥬에 대한 철학의 오랜 전통을 받아들인 것으로 생각할 수 있다. 하지만 소쉬르의 기호는 세 개의 극점이 아니라 두 개의 극점, 즉 시니피앙과 시니피에만으로 이루어져 있다. 이는 하나의 극점을 없앤 것인가, 혹은 용어들을 재분배한 것인가, 아니면 문제 자체를 수정한 것인가?

1. 언어는 목록이 아니다

언어를 정의하고 언어가 무엇으로 구성되어 있는지 자문하면서, 소쉬르는 무엇보다도 언어를 하나의 목록으로 수용하지 않아야 한다는 부정적인 단언을 하기에 이른다. 언어는 사물과 그 사물을 가리키는 데 쓰이는 어휘와의 관계로 정의되어서는 안 된다. 따라서 소쉬르는 즉각 언어를 '사물의 수에 상응하는 어휘들의 목록'으로 보고, 언제든지 명칭들을 통해 지칭될 수 있는 사물들(혹은 관념들)의 저장고라고 전제하는 견해와 반대되는 입장에 선다. 이러한 견해에 따르면 표현하려는 관념들(사물들 혹은 개념들)은 언어 이전에 이미 이루어졌고, 중개 수단 없이도 수용될 수 있다. 소쉬르는 다음과 같은 말로 이에 반박한다. "사고 자체만을 본다면, 사고는 마치 우연적으로 경계가 획정된 운성과도 같다. 미리 만들어진 관념들은 없고, 언어가 나타나기 이전에는 모든 것이 분명하지 않다."

공통 의미에 대한 견해를 반박하는 근본 논거로 소쉬르는 바로 언어들간의 비교를 든다. 번역한다는 일은 하나의 어휘를 다른 어휘로 대체하는 것이 아니다. 독일어에서 'mieten'과

'vermieten'으로 구분되는 것이 프랑스어에서는 동사 'louer' 하나만 존재한다. 영어에서 'to know'는 프랑스어에서 'savoir' 와 'connaître' 동사 둘 다 가능하다. 프랑스어에서 'fleuve'와 'rivière'는 하천이 흐르는 장소(바다 혹은 다른 강)에 따라 구분되는 반면, 영어에서 'river'와 'stream'은 크기의 차이로 구별한다. 서로 다른 언어들이 똑같은 방식으로 현실을 절단하지 않는다는 점, 그리고 물질 자체에는 영향을 미치지 않는 현실에 대한 절단이라는 점은 앞에서 살펴본 몇 개의 예문들에서 분명하게 드러난다. 실제 흐르는 물은 'fleuve/rivière' 'river/stream' 중 그 어느것도 구분해 주지 못한다.

그래도 언어가 목록이라는 '단순주의적' 견해는 기호의 성격 자체를 밝히는 데 도움을 준다. 기호는 두 개의 측면이 결합된 것으로 양면성을 지닌다. 이 특성은 《일반 언어학 강의》가 제시하게 될 기호에 대한 유일한 정의가 된다. 즉 "언어 기호는 사물과 명칭이 아닌 개념과 음향 영상을 연결한다." 혹은 소쉬르가 〈제3강의〉부터 독점적이지는 않지만 그 사용을 보편화하듯이, 기호는 '소리의 정신적 각인'인 **시니피앙**과 의미의 정신적 표현인 **시니피에**를 결합한다. "이 두 요소들은 긴밀하게 결합되어 있으며 서로를 요구한다." 서로 분리될 수 없는 이 속성을 소쉬르는 앞뒷면이 분리될 수 없는 종이에 비유하면서 설명한다.

따라서 기호가 결합하는 이 두 면 중 한쪽은 관념·개념·부재의 차원에 속하는 그 무엇이고, 다른 한쪽은 물질적(음성의 혹은 철자의)인 표현이다. 전통적인 견해와 비교해 볼 때 그 차이는 결정적인데, 이는 현실을 배제함으로써 기호 영역의 경계가 획정되기 때문이다. 이것이 곧 언어장이다.

그러나 현실을 떼어 놓는 것이 소쉬르에게는 그리 쉬운 일이 아니었던 것처럼 보이며,《일반 언어학 강의》속에 나타나는 모순들 때문에 이 텍스트를 읽는 우리의 눈에도 그것이 분명치 않다. 그래서 소쉬르가 다음과 같은 그림을 사용해서 기호를 나타낼 때, 윗부분은 시니피에를, 그리고 아랫부분은 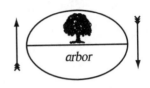 시니피앙을 나타내는 것이고, 타원형은 기호의 경계를 나타내며, 화살표들은 파롤의 순환을 특징짓는 생산과 수신의 양상과 연관해서 기호의 두 면간의 파기 불가능성의 속성을 강조하는 바임을 알아야 한다.[2] 그러나 이 표현은 매우 서투른 것이다. 그것은 이같은 표현이 한쪽(시니피에 쪽)은 시니피앙 'arbor'가 부여될 이미 그 경계가 확정된 실재의 영역이 존재하고, 다른 한쪽(시니피앙 쪽)은 시니피에(🌳)에 부여할 시니피앙이 존재함을 암시하기 때문이다. 그것은 우회를 통해 다시 목록으로 되돌아가는 것이다.

그러나《일반 언어학 강의》에 나타나는 다른 문구들은 소쉬르의 견해에 있어서 본질적인 것은 이 점이 아님을 보여 주고 있다. 실제로 시니피앙과 시니피에가 있고, 이차적으로 어떤 끈이 개입하여 이들을 결합하는 것이 아니라, 끈이 있고 그 안에서 시니피에와 시니피앙이 하나의 기호로 생겨나는 것이다.

따라서 기호가 하는 역할이 무엇인지를 알게 된다. 현실과는 무관한 언어의 질서를 정의하는 동시에 언어가 음과 관념 사이의 끈임을 가정하는 것이다.

그렇다면 한 가지 질문이 제기된다. 기호의 배치는 언어학이라는 개념 자체와 공외연적인가? 소쉬르에게는 그러하다. 그에게 기호는 언어 연구에 필수적이다. 그렇기 때문에 그에게 있어 언어학은 기호학의 일부를 이루고 있는 것이다.

언어는 생각을 표현하는 기호 체계이므로 문자, 농아들의 알파벳, 상징적인 제식, 예의범절, 군 작전 신호 등과 비교될 수 있다. 다만 언어는 이 체계들 가운데서 가장 중요한 체계이다.

따라서 우리는 '사회 생활 한가운데서 기호들의 삶을 연구하는 학문'을 생각할 수 있다. 이 학문은 사회심리학, 그래서 결국 일반 심리학의 일부를 이룰 것이다. 우리는 이 학문을 **기호학**(sémiologie; 그리스어 sèmeîon, '기호'에서 유래)이라 부를 터이다. 이 학문은 기호들이 무엇으로 이루어져 있는지, 어떤 법칙들이 이들을 지배하는지 알려 줄 것이다. 그러나 아직은 이 학문이 존재하지 않는 이상, 이 학문이 무엇이 될지는 말할 수 없다. 그러나 이 학문은 존재할 권리가 있으며, 그 자리는 사전에 결정되어 있다. 언어학은 이 일반 과학을 이루는 한 부분일 뿐이며, 기호학에서 발견되는 법칙들은 언어학에도 적용될 수 있을 터이다. 이처럼 언어학은 인간에 관한 제반 사실들 전체 가운데서 잘 정의된 영역과 결부되어 있을 것이다.

2. 기호의 자의성

이렇게 정의된 기호의 근본 특성은 기호가 자의적이라는 것이다. 즉 "시니피앙을 시니피에에 연결하는 관계는 자의적이다." 기호의 자의성에 관한 정의는 《일반 언어학 강의》의 구절들 가운데 하나를 이루며, 이 구절은 아마도 철학에서 행해지는 논쟁과 근접한 탓인지 가장 많은 해설을 불러일으켰다.

그러나 그 논쟁의 대상이 되는 용어들이 같지 않음을 직시해야 한다. 철학에서의 자의성은 사실상 사물과 그 명칭 사이의 관계에 있다. 반면에 언어학에서의 자의성은 원칙이며, 이 원칙에 의하면 [sœr]와 같은 시니피앙은 시니피에 'sœur'와 그 어떤 '내적인' 관련성도 맺고 있지 않다. 즉 "시니피앙과 시니피에를 연결해 주는 관계는 근원적으로 자의적이다"라고 원전들에서 발견된다. **근원적으로**라는 말은 《일반 언어학 강의》에는 누락되어 있으며, 이는 근원적이지 않은 자의성과의 대립을 잃게 할 수 있는 것과 마찬가지로 '그 뿌리 자체에서'라는 의미를 잃게 할 수 있다.(3.3장, 상대적 자의성 참조)

소쉬르는 즉시 어느 누구도 이 원칙에 대해 의혹을 품지 않았다고 힘주어 말한다. 많은 언어학자들이 이 원칙에서 그리스 시대 이래로 언어학 역사 전반에 있어 왔던 자연론자와 협약론자들간의 오랜 논쟁이 최근에 다시 나타난 것으로 보기 때문에 더더욱 사실이다. 한쪽은 랑가쥬의 기원은 자연적인 것이며, 낱말과 지칭된 사물 사이의 관계는 자연이 부과한 것이라고 주장한다. 다른 한쪽은 언어에서 협약, 즉 무언의 계약을 발견하고, 이 계약에 따라서 결국 모의미가 모분절이 되는 것이라고 한다. 결국 소쉬르의 자의성은 철학에서의 전통적 자의성, 즉 명칭과 사물의 관계를 특징짓는 자의성이라는 것이다.

언어학자들이 소쉬르의 자의성을 이 논쟁에서 어느 한 입장을 선택한 바에 지나지 않는다고 이해하는 것은 텍스트 자체에서 나타나는 혼란 때문이다. 실제로 'sœur'와 'bœuf'의 예들은 《일반 언어학 강의》에서 아주 적절치 못하게 제시된다. ("시니피에 'bœuf'는 그 시니피앙으로 국경 한쪽에서는 [bœf]를, 그리고 그 저편에서는 [ɔks](Ochs)를 갖는다.") 비록 이것이 분명 소쉬르에게서 나온 것이라 하더라도(《제1강의》) 이러한 도식은 방금 위에서 3페이지에 걸쳐 비판한 목록을 향해 한 발자국 뒤로 물러서는 것이다. 즉 이 도식은 완전히 준비된(따라서 사물을 포함한다), 그래서 자신의 시니피앙을 기다리는 시니피에를 전제하고 있다.

소쉬르의 입장을 이 논쟁 안에 다시 두어야 한다면, 그는 분명 협약론자이며, 협약론자인 휘트니와 전적으로 같은 의견을 갖는다고 스스로 말한다. 그러나 동시에 소쉬르는 더 나아가서 휘트니가 자의성의 귀결이 어디인지 '끝까지 가지 않았다'고 이야기한다. 입장의 차이가 항상 분명하게 드러나는 것은 아니지만, 실제로 그 차이는 결국에는 나머지 이론 체계를 무효한 것으로 만들어 버리게 될 하나의 새로운 이론 체계를 구축하는 데 불가피한 것이다.

자신의 논증을 펴는 데 있어 소쉬르는 철학에서의 논쟁과 가까이 있다. 그가 사용하는 논거들, 즉 목록(어휘집)론자의 관점, **기호**와 **상징**과의 비교, 의성어와 랑가쥬의 기원은 자연론자와 협약론자간의 전통적인 논쟁에서 쓰이는 논거들이기 때문이다. 그러나 점차 그의 입장이 전통적인 관점에서 벗어나 그의 언어학에 대한 견해가 드러나는 것을 보게 된다.

── 목록론자의 관점: "행위를 통해서 주어진 어느 한순간

에 명칭들은 사물에 분배되고, 행위를 통해서 개념들과 음향 영상들간에 계약이 체결된다고 한다. 우리는 이 행위를 구상할 수는 있지만, 이 행위는 한 번도 확인된 적이 없다. 내용이 이런 식으로 진행되었을 것이라는 생각은 기호가 자의적이라는 아주 강한 우리의 느낌에서 나왔다." 소쉬르는 역사적으로 이 계약이 언제 체결되었는지 밝혀낼 수 없음을 잘 보여 주지만, 그는 이 계약 자체를 전제하는 일에는 동의한다. 즉 여기서 소쉬르는 엄밀히 협약론자이며, 근원적 자의성의 원칙과 같은 다른 견해들에 비하면 뒷걸음질치고 있는 것이다.

   —— 기호는 상징과 다르며, 그것은 상징이 절대 진정한 의미에서 자의적이지 않기 때문이다. 상징에서는 "시니피앙과 시니피에간에 기본적으로 자연적 연관성이 있다." 예를 들어 정의의 상징인 저울은 정의의 상징이 나타내는 것과 관계를 맺고 있다는 점에서 그와 같은 사실을 찾아볼 수 있다. 여기서 언어학적 관점은 철학적 관점과 일치한다.

   —— 자연론자들은 의성어, 감탄사, 그리고 자연음의 모방을 들어 자의성에 이의를 제기한다. 소쉬르는 이것들도 여느 기호들처럼 변화의 규칙을 따른다는 이유에서 이 자연론자들의 이의를 배척한다. 라틴어의 의성어가 프랑스어에서는 그렇지 않은 경우들(pipio는 프랑스어 pigeon(비둘기)이 됨)이 있고, 프랑스어의 의성어들이 라틴어에서는 의성어가 아니었던 경우들(fouet(채찍)는 라틴어 fagus, 'hêtre(너도밤나무)'에서 나왔다)도 있다. 여기서도 협약론자의 입장에서는 철학적 관점과 언어학적 관점이 일치한다.

   —— 랑가쥬의 기원에 대해서 소쉬르는 협약론적 입장이 암

암리에 목록으로의 복귀를 함축하고 있음을 제시하는 데 유리한 조건에 있다. 왜냐하면 협약론적 입장은 이미 설정된 두 범주를 전제하며, 여기에 협약이 이차적으로 작용해서 이 두 범주에 연상을 마련해 주기 때문이다. 그래서 여기서 소쉬르는 랑가쥬의 기원에 관해 제기되는 제반 문제들에서 단호하게 손을 떼면서, 전통적인 논쟁에서 완전히 벗어난다. 언어는 무조건의 계약이 아니다. 화자에게 언어는 '자유롭게 받아들여지는 규칙이 아니라 감내해야 하는 것'이기 때문이다. "랑가쥬의 기원에 관한 문제는 존재하지조차 않는다. 소위 말하는 최초의 계약은 매일 일어나는 일과 혼동되고 있다. 어느 한순간도 생성이 랑가쥬의 삶과 특유하게 다른 적은 없으며, 주요한 것은 그 삶을 포함시켰느냐 하는 점이다."(n.12) 언어의 원리를 이 삶에 귀결시킴으로써 소쉬르는 그것을 그 균형이 사회적 기능에 의해 항구적으로 보장받는 기호 체계로 구축한다. "언어학의 진정하고 유일한 대상은 이미 구성되어 있는 한 개별어(idiome)의 정상적이고 규칙적인 삶이다."

기호와 그 자의적 성격에 관한 논쟁에서 거론된 철학적 논거들의 또 다른 골자는 언어의 측면과 현실의 측면간의 관계에 관한 것이다. 우리는 소쉬르가 기호에 대해 내린 그의 정의를 통해서 현실의 측면을 언어에 관한 토론에서 제외시켰음을 보았다. 따라서 기호의 자의성은 사물과 명칭간의 관계, 즉 모든 협약론자들이 자의적이라고 인정하는 관계에 연관된 바가 아니다. 기호의 자의성은 시니피에와 시니피앙간의 관계에 연관된 것이므로 한 가지 난제가 나타난다. 즉 언어의 경우에는 자의적이지만(그리고 언어를 기술하는 언어학자에게도), 이 관계를 받아들이는 화자에게는 이 관계가 자의적이지 않다. ("대중은 있는 그대로의 언어와 관련을 맺고 있다.") 그 관계는 화자가 자유로이 선택할 수 있는 것이 아니라 **필연적**인 것이다. 따라서 소쉬르는 **자의적**이라는 낱말이 이러한 관점에서 볼 때, 그 의미가 모호하다는 사실을 자각하여 기호의 자의성의 정의를 명확히 밝힌다. 즉 "자의적이란 **비유연적**, 다시 말해 시니피에와 관련해서 자의적임을 의미한다." 자의적·필연적·비유연적 언어장의 경계 획정이 명확해지기 시작한다.

그러나 '자의적'을 '비유연적'으로 새로이 도식화하는 일은 또 다른 어려움을 내포한다. 즉 이는 기호 이전에 시니피에가 존재함을 재차 암시할 수 있다. (이같은 순환은 이 문제가 어느 정도로 난제인지를 잘 보여 준다.) 여기서 다시 한 번 강조하기로 하자. 자의적인 이 관계가 기호를 낳으면서 시니피에와 시니피앙을 창조하는 것이다. 여기서 아주 단순화한 예 'fleuve/rivière'를 다시 보기로 하자. 현실에서는 'fleuve'와 'rivière' 사이에 의미상의 경계가 그어진다는 사실을 받아들이게 하는 점이 아무것도 없음을 이미 보았다. 즉 실체들을 만들어 내는 것은 바로 언어의 절단이다. 그러므로 바로 기호를 통해서 시니피에와 시니피앙이 동시에 확립된다. 이 두 측면들 가운데 그 어느것도 기호보다 선재하지 않는다.

결국 랑가쥬의 기원과 랑가쥬와 현실 사이의 관계를 연구하는 철학장과는 별도로 새로운 장, 즉 언어장의 탄생을 주도하는 부분적으로 모순된 문구 중의 하나를 선택하게 된 것은 기호와 기호의 자의성에 대한 정의를 내리고 있는 《일반 언어학 강의》의 제2부('공시언어학')로 돌아간 결과이다.

소쉬르의 모델이 일관성이 있다는 우리의 가설을 염두에 두면서 이 책을 읽어 내려갈 것이다. 일상 의미의 자의성은 시니피앙과 시니피에와의 관계로 본 기호의 정의, 즉 기호들을 서로 관련지어 제시하는 체계 개념의 근원이 되는 정의에 부합하지 않는다.(4장 참조)

3. 비유연성에서 상대적 자의성으로

'자의성(arbitraire)'과는 별도로 '비유연성(immotivé)'이라는 용어의 해석 문제는 사실상 서로 다른 두 개의 의미를 지닌 자의성에 관계하고 있음을 강조하고 있는 바이다. 첫번째 의미의 자의성에서 협약에 근거한(자연적에 반대되는) 의미는 언어 외적인 현실과 관련해서 결정된 것이고, 두번째 의미의 자의성은 비유연성으로 환언될 수 있으며(따라서 유연성(motivé)에 반대됨) 다른 기호들에 준거해서 확립되는 것이다.

자의성에 대해 제기되는 두 문제의 차이를 알 수 있다. 첫번째 자의성은 철학적인 문제로서, 소쉬르는 이 문제를 협약론의 입장을 취하는 사람들이 이미 다룬 것으로 평가하기 때문에 이에 대해서는 전혀 논하지 않는다. 두번째 자의성의 경우에는 언어 특유의 장이 확립되는 데 필요한 조건들을 제안하며, 소쉬르의 전 연구 작업은 기호들이 맺고 있는 상호 관계들의 정의를 통해 바로 이 언어장의 영역을 구축하려는 데 있다. 따라서 이제부터 언어장이라고 할 때에는 이는 두번째 자의성의 장을 말하며, 첫번째 자의성의 장은 버려두는 것이다.

두번째 자의성의 영역은 기호의 두번째 특성인 **시니피앙의 선형성**(linéarité)이 개입되는 것이 그 특징이라 할 수 있다. 게다가 이 두번째 특성은 시니피앙에만 관계된다. 이 원칙이 언어장을 세우는 데 있어서는 결정적인 요소가 되지만, 이에 대해서 《일반 언어학 강의》는 간결하게 적고 있다. 즉 "이 원칙은 명백하다. 그러나 이 원칙이 너무 단순하다고 여겨졌기에 이에 대한 언급을 항상 소홀히 해왔다. (…) 언어의 모든 구성 원리는 이 원칙에 달려 있다." 시니피앙은 음성적인 것으로 시간 속에서 전개된다는 의미에서, 그리고 예를 들어 정보들을 겹쳐 놓는 도로 교통법 표지와는 달리, 시니피앙은 표기되는 것으로 공간에서 전개된다는 의미에서 선형적이다. 이 원칙은 기호장과 비교해서 언어장의 특수성을 이룬다. 실제로 언어가 기호들의 체계로 기호학과 관련된다 해도, 언어는 여타 체계들과는 다른 기호 체계이다. 즉 소쉬르에게는 바로 이 시니피앙의 선형성이 언어를 다른 체계들과 구별해 주며, 동시에 언어에 관한 연구는 모두 이를 염두에 두어야 한다.

시니피앙에 가해지는 선형성 제약은 발화 연쇄를 분석하기 위한 조건이며, 특히 통사론(낱말 내의 결합들, 그리고 낱말을 넘어선 결합들에 관한 연구처럼. 5장 참조)을 분석할 수 있기 위한 조건이다. 이와 같은 이유로 선형성의 테두리 안에서 두번째 의미의 자의성이 어떻게 기능하는가에 대해 《일반 언어학 강의》는 언어의 구성 원리를 다루는 장들에서 제시하고 있는 것이다. 어떤 기호가 **유연적** 혹은 **비유연적**일 때에는 다른 기호들과 관련해서 그러한 것이며, 이와 같은 사실은 협약에 근거한 자의성의 정의에는 나타날 수 없는 세번째 용어, 즉 상대적 유연성이라는 표현이 존재한다는 사실에서 잘 나타난다. "기호의 자의성이라는 기본 원칙은 각 언어에서 근원적으로 자의적인 것, 즉 비유연적인 것과 상대적으로 자의적인 것을 구별하는 데 장애물이 되지는 않는다."

상대적 유연성의 이론적 설명은 《일반 언어학 강의》에서는 아주 짧게 제시되고 있지만, 그 예문들은 아주 명백하다.

이처럼 vingt(이십)은 비유연적인 반면, dix-neuf(십구)의 비유연성은 그 등급이 다르다. 후자는 숫자를 구성하고 있는 어휘들을 연상시키고, 이 숫자와 결합된 다른 숫자들, 예를 들면 dix(십), neuf(구), vingt-neuf(이십구), dix-huit(십팔), soixante-dix(칠십) 등도 연상시키기 때문이다. 따로 분리시키면, dix(십)와 neuf(구)는 vingt(이십)과 동등하지만, dix-neuf(십구)는 상대적 유연성의 한 경우를 보여 주고 있다. poirier(배나무)의 경우도 마찬가지이다. 이 낱말은 단순어 poire(배)를 상기시키고, 그 접미사 -ier는 cerisier(벚나무), pommier(사과나무) 등을 연상시킨다. frêne(물푸레나무), chêne(떡갈나무) 등의 경우는 이와 전혀 다르다. 또 완전히 비유연적인 berger(목동)와 상대적으로 비유연적인 vacher(소몰이꾼)를 비교해 보자. 마찬가지로 geôle와 cachot(감옥), hache(도끼)와 couperet(고기 자르는 칼), concierge와 portier(수위), jadis와 autrefois(옛날에), souvent과 fré-quemment(자주), aveugle(맹인)과 boiteux(절름발이), sourd(귀머거리)와 bossu(꼽추), second과 deuxième(두번째의), 독일어 Laub와 프랑스어의 feuillage(잎), 프랑스어의 métier(직업)와 독일어의 Handwerk 쌍도 마찬가지이다. 영어의 복수 ships '선박들'은 그 형성이 일련의 낱말들 flags, birds, books 등 모두를 상기시키는 반면에 men '사람들,' sheep '양들'은 아무것도 상기시키지 않는다.

자의성에 상대성이 존재한다는 것은 근원적 자의성을 문제 삼는 것이 아니라, 다만 그 등급을 한 단계 이동시키는 것뿐이다. 만일에 dix-sept(십칠)의 결합이 '상대적으로 유연적'인 것이라면, dix(십)과 sept(칠)의 경우에는 여전히 근원적으로 자의적이며, 분석이 불가능하기 때문에 비유연적인 것이다.

기호의 정의와 기호의 자의적 특성에 관한 구절은 기호라는 영역(언어학의 범위 밖에 있는 사물의 영역과는 대조적으로)을 연구할 수 있게 하였다. 그뿐만 아니라 비유연성과 상대적인 유연성은 이 기호들이 맺고 있는 관계들의 영역을 연구할 수 있게 해주며, 이 관계들 덕분에 언어는 자의성의 제한으로 볼 수 있는 체계와 구성 원리로 기술될 수 있는 것이다. (체계는 "언어가 완전하게 자의적일 수 없는 측면을 이루며, 체계에서는 상대성의 이치가 지배한다.")

4. 언어들은 변하고 변하지 않는다

소쉬르는 기호의 자의성이 수많은 결과를 가져왔다고 주장하며, 언어의 기능에 대한 기본 개념이 관계될 때마다 아래의 리스트에서 볼 수 있듯이 언어의 자의성에 대해 언급한다.

《일반 언어학 강의》에서 언어의 자의성이
언급된 대목들의 리스트

—— 이 원칙이 언급되기 이전, 언어에 대한 정의를 내릴 때에도. ("언어는 협약이며, 합의된 기호의 성격은 협약과는 무관하다.") 5장 참조.

—— 시간이라는 요인과 관련해서 언어들의 특성을 그릴 때, 이 요인과 관련해서 언어들은 변하는 속성과 변하지 않는 속성이라는 상보적인 두 속성을 갖는다——가변성/불변성의 파기 불가능한 원칙에서 언급되었다. 더 아래 참조.

—— 몇몇 학문들의 대상에 내재하는 것으로 '가치'에 처음 접근할 때('가치에 대해 연구하는 학문들'). 4장 참조.

—— 언어의 관계 밖에서는 무정형이며 구별할 수 없는 두 덩어리, 즉 사고와 음 사이에 언어가 확립한 관계로 가치를 정의하면서. 그러므로 자의성은 차이와 관련이 있다. 현실을 배제하는 것은, 곧 기호가 여타 기호들과 상관해서 기능하도록 하는 일이기 때문이다. ("'자의적인' 그리고 '차이를 나타내는'이라는 두 자질은 상관적이다.") 4장 참조.

—— 언어의 구성 원리가 지닌 기능에서 상대적 유연성의 역할을 기술하면서. 6장 참조.

—— 무제한적이고 맹목적인 것으로 음 변화의 특징을 제시하면서. 4장과 6장 참조.

—— 마지막으로 유추와 상대적 자의성의 관계에서. 6장 참조.

기호의 자의성이 지닌 기본적 특징은 언어의 질서만이 언어에서 일어나는 것을 결정할 수 있다고 단언하는 데 있다. 그래서 기호가 자의적이라는 사실에서 시간과 관련하여 언어의 특수한 행태가 생겨난다. 즉 언어는 변하고(가변성) 변하지 않는다(불변성)라고 동시에 말할 수 있다. 기호가 지금의 상태 그대로여야 할, 즉 영구히 존속해야 할 이유가 없는 바와 마찬가지로 기호가 다른 상태여야 할, 즉 변해야 할 이유도 없는 것이다.

불변성: 기호는 항상 우리 모두에게 지난 시기의 유물로 제시되기 때문에, 그 어떤 의도적인 변화도 받아들이지 않는다. 여기에는 여러 이유가 있다. 1) 바로 기호들이 지금의 상태 그대로여야 할 이유가 없는 바에 대한 결과이다. 즉 화자 전체의 관점에서 보면, 다른 기호들을 선호할 동기가 전혀 없는 것이다. 2) 언어를 구성하고 있는 기호들의 수가 많기 때문이다. 3) 기호들이 체계를 이루고 있는 이상, 기호들은 상호 뒤얽혀 있어서 어느 한 지점의 변동은 전체에 영향을 미치기 때문이다. 4) 언어가 항상 모든 사람들과 관련되어 있다는 사실이 보존의 요인이 되기 때문이다.

그러나 동시에 언어는 변한다(가변성). 변하지 않는 언어의 예는 없으며, 그리고 "언어의 물줄기는 멈추지 않고 흐른다. 그 흐름이 완만하냐 혹은 급하냐는 부차적으로 검토해야 할 문제이다." 변화의 요인이 시니피앙에 영향을 미치건 시니피에에 영향을 미치건 혹은 양쪽에 영향을 미치건, 그리고 그 요인들이 어떠한 성격의 것이든간에, 결국 이 요인들은 항상 시니피앙과 시니피에간의 관계의 변동을 가져온다. 실제로 소쉬르는 시니피앙만이 변하고 시니피에는 고정되어 있다고 생각하는 것(예를 들면 라틴어 *calidum*(열·뜨거움)에서 프랑스어 *chaud*(뜨

거운)로)은, 여전히 언어를 하나의 목록으로 수용하는 일임을 보여 준다. 이것은 다시 한 번 시니피에는 원래 고정되어 있고 변화하지 않는 것이라고 전제하는 바이다. 프랑스어에서 no-yer(익사시키다)가 되어 버린 라틴어 necare(죽이다)의 예는 그렇지 않음을 보여 주고 있다. 즉 시니피앙에도 변동이 있고, 시니피에에도 변동이 있으며, 따라서 기호 양면간의 관계에도 변동이 있고, 기호가 체계 전체에서 차지하고 있는 위치에도 변동이 있다.

가변성/불변성이라는 서로 파기될 수 없는 이 특성은 분명 기호의 자의성에서 나온 결과이다. 이는 언어가 사회 제도이지만, 여타 사회 제도들과는 다르기 때문이다. 다른 제도의 요소들이 정도의 차이는 있지만 자연적 관계(그것이 무엇이든)에 기초하고 있는 것과는 달리, "언어는 그 수단들을 선택하는 데 있어 전혀 제약이 없다." 모든 소리의 연쇄가 개념에 결합되어 있고, 모든 음성이 항시 의미에 대응할 수 있다는 데는 이론의 여지가 없다.

5. 언어학은 기호를 연구하는 것인가?

《일반 언어학 강의》텍스트에서 기호의 자의성이 빈번하게 언급됨에 따라 이 원칙이 《일반 언어학 강의》의 가장 중요한 개념, 즉 이론을 구축하게 하고 이를 설명해 주는 개념이라고 믿는 독자들도 있다. 우리는 다음장들에서 이 개념이 소쉬르의 언어 이론에서 다른 사항들과 어떤 방식으로 연결되었는지 다시 살펴보기로 하겠다.

이 개념이 차지하고 있는 위치를 결정하기 위해서는 무엇보다도 기호 자체가 수행하는 역할에 대해서 다시 검토해 보아야 할 것이다. 우리는 이 장을 시작하면서 언어 연구에는 기호가 필수적임을 명백하게 밝혔었다. 이제 언어 이론과 기호의 관계는 불가피한 것인지, 그리고 기호 없는 언어 이론은 존재할 수 없는 것인지 자문할 때이다.

따라서 기호가 무엇에 쓰이는지 자문해야 한다. 소쉬르에게 기호는 시니피앙과 시니피에의 결합으로, 음과 개념이라는 두 개의 극점을 나타내며, 소쉬르는 음과 개념 없이는 언어가 있을 수 없다고 한다. 음성과 의미의 결합인 언어의 이 양면성은 언어를 정의하는 데 없어서는 안 될 특성이다.

그러나 이 양면성을 보여 주기 위해서는 반드시 기호를 사용해야만 하는가? 촘스키의 생성 문법은 이후에 생겨난 모델로, 기호를 사용하지 않음으로써 기호가 필수적인 것이 아님을 제시한다. 실제로 생성 문법에서 음과 의미의 측면은 층위들(niveaux)로 나뉜 문법의 구성을 통해 서로 관련을 맺는다. 문법이란 통사법이 구축하는 연쇄들의 구성 방식 연구를 통해서 음 측면(음운론의 연구 대상)과 의미 측면(의미론의 연구 대상)간에 관련을 맺고 있는 것이다. 언어를 이루는 본질적인 것, 즉 소리와 의미의 관계는 이 두 이론에서 다른 형태로 존재한다. 이 관계가 소쉬르의 이론에서는 기호 내에서 직접적인 관계를 이루고, 촘스키의 이론에서는 통사법에 의해 중재되는 관계이지만, 그래도 여전히 양범주간의 관계에 연관된다. 따라서 한 언어 이론을 위해 지켜야 하는 본질적인 개념은 기호의 개넘이 아니라, 두 범주간의 결합 개념인 것이다. 바로 이것이 소쉬르의 이론에서 기호가 가지는 기능이며, 이는 곧 더 일반적인 원칙이 소쉬르에 의해 우연히 표현된 것에 지나지 않는다.

기호와 그것의 첫번째 속성인 자의성은 그 최종 목표가 다른 관점을 제시하기 위한 수단이다. 즉 "언어의 진정한 특성을 찾고자 한다면, '우선' 이것이 같은 부류의 여타 체계들과 어떤 점을 공유하는지에 대해 생각해야 한다."(' ' 안의 표현은 필자가 강조하는 것이다.) 우리가 5장에서 보게 되겠지만, 이 목표는 바로 '언어장의 정의,' 즉 '소위 랑가쥬라 불리는 특수한 기호학이 지니는 아주 복잡한 성격'을 기술하는 것이다.(엥글러, 1485F) 기호의 자의성 원칙은 소쉬르가 기호의 두번째 속성인 시니피앙 선형성의 도움을 받아 이 자의성 원칙에서 언어학의 활용을 끌어내려 했다는 점에서 가치를 지닌다. 그러므로 기호와 그 속성들은 언어 고찰의 배경과 사전 요건을 이룬다.

공시언어학과 통시언어학을 다룬 제2부와 제3부 뒤에 이어지는 부록에서, 소쉬르는 언어학에서 '설명한다'를 정의할 목적으로 자의성의 원칙을 마지막으로 다시 한 번 언급한다. 물론 이 대목은 어원에 관한 것이지만, 일반적으로 언어학에 적용될 수 있도록 표현되어 있다. 설명한다는 것은 알려진 어휘들로 다시 표현하는 것이며, 언어학에서 **"어떤 낱말을 설명한다는 것은 그것을 다른 낱말로 표현하는 것이다. 그 이유는** 음과 의미간에는 필연적인 관계가 존재하지 않기 때문이다." (부록에서는 밑줄이 그어져 있다.) 바로 이 문구에서 소쉬르에 이어 20세기 전반에 걸쳐 사용하게 될 언어학의 진정한 정의를 보게 되며, 이는 기호의 정의가 언어를 구축하는 데 기여한 바와 완전히 일치한다. 현실을 포함하지 않는 이 정의는 언어 장을 구축하는 것이고, 기호들간의 질서에 내재하는 구조를 연구하는 일이며, 기호들을 통해 기호를 설명하는 것이다. 우리는 다음장들에서 바로 이러한 구성을 연구하게 될 것이다.

【참고 문헌】

《일반 언어학 강의》
제1부, 1,2장.
제2부, 6장(3).
제2부와 제3부의 부록.

Emile Benveniste, Nature du signe linguistique, *Problèmes de linguistique générale*, Gallimard, 1966(1939).

Rudolf Engler, Théorie et critique d'un principe saussurien : l'arbitraire du signe, *CFS*, *19*, 1962.

Robert Godel, Problèmes de linguistique saussurienne, *CFS*, *29*, 1974.

Jean-Claude Milner, Réflexions sur l'arbitraire du signe, *Ornicar*, *5*, 1975.

Jean-Claude Milner, *L'amour de la langue*, Seuil, 1978.

Claudine Normand, L'arbitraire du signe comme phénomène de déplacement, *Dialectiques*, *1*, 1973.

4

체 계

《일반 언어학 강의》 발췌문, 제2부, 4장, §2, pp.158-162.

개념적인 측면에서 본 언어 가치

낱말의 가치에 대해 이야기할 때 일반적으로, 그리고 우선 이 낱말이 어떤 관념을 나타낸다는 속성을 생각하게 된다. 그것이 사실상 언어 가치 가운데 하나이다. 그렇다면 가치는 소위 **의미 작용**이라 불리는 것과 무엇이 다른가? 이 두 낱말은 동의어인가? 이 두 낱말은 혼동되기 쉽지만, 우리는 이들을 동의어라고 생각지 않는다. 이 혼동은 용어들의 유사성보다는 이들이 드러내는 차이의 미묘함에서 오기 때문이다.

개념적인 측면에서 본 가치는 틀림없이 의미 작용의 한 요소이다. 그리고 의미 작용이 가치에 종속되어 있기 때문에, 의

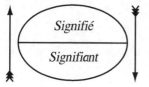

미 작용이 가치와 어떻게 구별되는지를 알기란 매우 어렵다. 그렇지만 언어를 단순한 목록으로 보는 한이 있어도 이 문제를 명백히 해야 할 필요가 있다. 먼저 일반적으로 표현된 의미 작용과 우리

가 그림으로 표현한 의미 작용을 살펴보기로 하자.

그림의 화살표들이 보여 주는 것처럼 의미 작용은 음향 영상의 상대물일 뿐이다. 모든 것은 낱말의 테두리 안에서 음향 영상과 개념 사이에서 진행되며, 이 낱말은 닫힌 영역으로 그 자체를 위해서만 존재한다.

그러나 문제의 모순된 측면이 있다. 즉 한편으로 개념은 기호의 내부에서 음향 영상의 상대물이고, 다른 한편으로 이 기호 자체, 즉 이 두 요소를 맺어 주는 관계도 역시 랑그의 여타 기호들의 상대물을 이루고 있다.

아래 도식이 보여 주듯이 언어는 모든 항들이 연관성을 갖고 있는 체계이며, 어느 한 기호의 가치는 다른 기호들과의 공존에서 생기는 것인데, 이같이 정의된 가치가 어떻게 해서 음향 영상의 상대물인 의미 작용과 혼동될 수 있겠는가?

여기서 수평 화살표로 나타난 관계와 위에서 수직 화살표로 나타난 관계를 동일시할 수는 없을 듯하다. 달리 말하면 종이 자르기의 비교를 다시 보면, 여러 종잇조각들 A, B, C, D 등간에 확인된 관계가 한 조각의 앞뒤, 즉 A/A' B/B' 등 사이에 존재하는 관계와 왜 다르지 않은지 이해할 수 없다.

이 질문에 대답하기 위해서 먼저 언어 외부에서도 모든 가치들이 이 모순된 원리의 지배를 받고 있음을 확인할 수 있다. 가치들은 항상 다음의 것들로 이루어진다.

1) 가치가 아직 결정되지 않은 사물과 **교환**될 수 있는 **성격
이 다른** 사물들.

2) 가치가 문제가 되는 사물과 **비교**할 수 있는 **유사한** 사
물들.

이 두 요인은 가치가 존재하기 위해서 반드시 필요하다. 이
와 같이 5프랑짜리 동전의 가치를 결정하기 위해서는 다음을
알아야 한다.

1) 일정한 양의 다른 사물과 바꿀 수 있다. 예를 들면 빵.

2) 이 동전을 같은 체계의 유사한 가치, 예를 들어 1프랑짜
리 동전 혹은 다른 체계의 동전(1달러 등)과 비교할 수 있다.

마찬가지로 낱말도 성격이 다른 것, 즉 관념과 맞바꾸어질
수 있으며, 그리고 또 같은 성격의 것, 즉 다른 낱말과 비교될
수 있다. 따라서 낱말의 가치는 그 낱말이 이런저런 개념과 '교
환'될 수 있고, 다시 말해 이런저런 의미 작용을 가지고 있다
고 확인하지 않는 한 고정된 것이 아니다. 즉 여전히 이 낱말
을 유사한 가치들과 비교하고, 또한 이 낱말과 대립되는 여타
낱말들과 비교해야 한다. 낱말의 내용은 이 내용의 외부에 존
재하는 바와의 경쟁을 통해서만 사실상 결정된다. 낱말은 체계
의 일부를 이룸으로써 의미 작용뿐만 아니라 특히 가치도 지
니게 된다. 그리고 의미 작용과 가치는 완전히 별개의 것이다.

몇 가지 예들이 그러하다는 사실을 보여 준다. 프랑스어의
'mouton(양·양고기)'은 영어의 'sheep(양)'과 동일한 의미 작
용을 가질 수 있지만 동일한 가치를 지닐 수는 없다. 여러 가
지 이유 중에서도, 특히 요리되어서 식탁에 올려진 고깃덩어리
를 가리키기 위해서 영어에서는 'mutton(양고기)'이라고 하지

'sheep'이라고는 할 수 없기 때문이다. 'sheep'과 'mouton'의 가치 차이는 전자는 별도로 또 다른 어휘가 존재하지만, 프랑스어 낱말의 경우는 그렇지 않다는 데서 기인한다.

한 언어의 내부에서 인접한 개념들을 표현하는 모든 낱말들은 서로를 제한한다. 'redouter' 'craindre' 'avoir peur'(두려워하다) 같은 동의어들은 서로간의 대립을 통해서만 고유한 가치를 갖는다. 만일에 'redouter'가 존재하지 않는다면, 이 낱말의 내용은 동의어들에게 흡수될 것이다. 반대로 다른 어휘들과의 접촉을 통해서 그 의미가 풍부해지는 어휘들도 있다. 예를 들어 'décrépit'('un vieillard décrépit(초췌한 늙은이)')에 도입된 새로운 요소는 'décrépi'('un mur décrépi(회가 떨어진 벽)')가 동시에 존재하였기 때문에 생겨난 것이다. 이처럼 어떤 어휘든지간에 그 가치는 이 어휘의 주위를 둘러싸고 있는 것에 의해서 결정된다. '해(soleil)'를 의미하는 낱말까지도 그 주위에 무엇이 있는지를 살펴야만 이 낱말의 가치를 즉시 결정할 수 있게 된다. '양지에 앉다(s'asseoir au soleil)'라고 말할 수 없는 언어들도 존재하기 때문이다.

낱말에 대한 언급은 언어의 다른 어떤 항에도, 예를 들어 문법 단위들에도 적용된다. 의미 작용이 대개의 경우 같기는 하지만, 프랑스어 복수의 가치와 산스크리트어 복수의 가치는 일치하지 않는다. 산스크리트어에는 단수·복수 이외에 수 하나가 더 존재한다. ('mes yeux(나의 양쪽 눈)' 'mes oreilles(나의 양쪽 귀)' 'mes bras(나의 양팔)' 'mes jambes(나의 양다리)' 등은 쌍수라고 한다.) 따라서 산스크리트어와 프랑스어의 복수에 동일한 가치를 부여할 수는 없다. 프랑스어의 복수 규칙은 모든 경우에 적용되지만, 산스크리트어는 그렇지 못하기 때문이다. 그러므로 복수의 가치는 복수의 외부에 존재하는 것과 그 주위에 존재하는 것에 좌우된다.

만일에 낱말이 미리 정해진 개념을 나타내는 것이라면, 각각의 낱말에 대해 언어마다 정확히 의미가 대응하는 낱말이 있어야 할 터이다. 그러나 사정은 이와 다르다. 프랑스어에서는 '세들다'와 '세주다'에 대해서 구분 없이 'louer(une maison)'라고 하지만, 독일어에서는 두 개의 어휘 'mieten' 'permieten'을 사용한다. 따라서 가치가 정확하게 대응하는 것이 아니다. '동사 'shcätzen'과 'urteilen'이 지니는 의미들의 합은 프랑스어의 낱말 'estimer(평가하다)'와 'juger(판단하다)'의 의미들과 대체로 일치하지만, 여러 측면에서 이 대응은 결함이 있다.

어미 변화는 특히 놀라운 예들을 제공한다. 특정 언어들에는 우리에게 아주 친숙한 시제의 구분이 존재하지 않는다. 예를 들어 히브리어는 기본적인 과거·현재·미래의 구분조차 없다. 원시 게르만어에는 미래 형태가 없다. 그래서 미래를 현재로 표현한다고 하면 이는 부적합하게 표현하는 것이다. 왜냐하면 게르만어에서 현재의 가치는 현재와 미래를 갖춘 언어들과 같지 않기 때문이다. 슬라브어군의 언어들은 규칙적으로 동사의 두 가지 상을 구분한다. 완료상은 행위를 전체로, 마치 하나의 점으로 나타내어 진행중인 행위는 제외하는 반면, 미완료상은 행위를 시간 선상에 진행중인 것으로 나타낸다. 프랑스어에는 이러한 범주들이 없기 때문에 프랑스인에게 이 두 상은 어렵게 느껴진다. 그러나 만일에 이 범주들이 프랑스어에 있다면 그렇지 않을 것이다. 이 모든 경우들에서 우리는 미리 정해진 **개념들**(idées)이 아닌, 체계에서 비롯되는 **가치들**을 발견하게 된다. 가치들이 개념들에 대응한다는 것은 개념들이 순전히 차이에 의해 구별됨을 의미한다. 즉 개념들은 그 내용에 의해 긍정적으로 정의되는 것이 아니라 체계에서 다른 항들과의 관계에 의해 부정적으로 정의되는 것이다. 개념의 더 정확한 특성은 여타 항들이 갖지 못한 자신만의 고유한 것을 갖는 점이다.

이제 기호를 나타내는 도식을 올바르게 해석할 수 있을 것이다. 이 그림은 프랑스어에서 개념 'juger' 는 음향 영상 'juger'와 결합되어 있음을 의미한다. 즉 한 마디로 이 개념은 의미를 상징한다. 하지만 이 개념이 물론 본래의 개념은 아니고 다른 유사한 가치들과의 관계를 통해서 결정된 가치일 뿐이며, 이 유사한 가치들

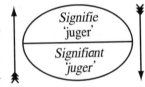

없이 의미는 존재하지 않을 것이다. 내가 단순히 어떤 낱말이 무언가를 의미한다고 하고 음향 영상을 어떤 개념에 결합시키면, 이는 어느 정도까지는 정확할 수 있으며 현실에 대해 대강 짐작케 할 수 있다. 그러나 어떤 경우에도 나는 그 본질과 규모에 맞게 언어 사실을 표현하고 있는 것이 아니다.

체계 혹은 정해진 순간에 언어를 이루고 있는 요소들의 구성 방식은 《일반 언어학 강의》의 기본 개념이며, 이 개념은 구조라는 이름으로 이후 구조주의에서 중요한 역할을 하게 된다. 이 개념은 이미 소쉬르의 첫번째 작업인 1878년의 《논문》에서 나타나며, 이 논문에서 인도유럽어의 **ɑ**를 다루면서 그는

다음과 같이 적는다. "모음 a와 관련된 현상들을 다루다 보면 나머지 모음들도 자연히 다루게 되므로 이들은 언급하지 않겠다. 그러나 모음 a로 한정된 장의 현상들을 다 검토했을 때, 인도유럽어의 모음 체계표가 조금씩 변했음을 보았다. 모음 체계가 모두 모음 a 주위에 모이고, a와 관련해서 새로운 양태를 보이는 사실을 알 수 있다. 결국 우리의 관찰 대상은 모음 체계 전체임이 분명하다……" 체계 개념의 본질이 이미 자리하고 있는 것이다.

《일반 언어학 강의》에는 다음과 같은 구절이 있다. "언어는 고유한 질서를 지닌 체계이다." 이는 기호의 정의에서 현실이 배제되고 기호의 속성이 자의적이라고 정의한 결과이며, 체계의 개념은 언어를 벗어난 설명 원리 없이 내적으로 언어를 연구할 수 있게 한다.

1. 언어의 상태, 공시태와 체계

체계는 언어의 진화 과정에서 어느 한 시기의 평형이며, 말할 때 화자가 사용할 수 있는 모든 것이 작용하는 '언어의 상태(état de langue)'이다. 언어들이 어디서든지 항상 진화한다는 점을 감안한다면, 변화의 요인인 시간 때문에 언어학은 '완전히 다른 두 갈래의 길'을 대립한다. 공존하는 항과 관계되는 소위 **공시태**라고 불리는 동시성의 축과 **통시태**라고 불리는 계기성의 축을 구분해야 한다. 이 두 축간의 상호 환원 불가능성은, 프랑스어 'pas'의 예로 설명될 수 있다. 부정소사('ne…

pas')와 명사('un pas(한 걸음)')는 통시적으로는 서로 관계가 있지만(이들은 어원이 같다), 공시적으로 화자들의 사용에서는 더 이상 관계가 없다.

그러나 '공시태'를 단순히 '언어의 상태'와 동일한 것으로 간주해서는 안 될 일이다. 이 '언어의 상태'는 경험적 실체로서 논의의 여지가 있다. (한 점으로 표현되는 순간인가, 아니면 기간과 관계되는 것인가? 기간이라고 한다면 어느 정도 규모의 기간인가? 언어는 항상 변화하는 중이기 때문에 공시적 상태는 관찰될 수 없다. "전날에서 다음날의 상태로 끊임없이 전이하는 언어의 상태들만이 존재할 뿐이다." 원전) 공시태를 추상적 체계에 대해 이론적인 정의를 허용하는 하나의 개념으로 이해해야 한다.(5장 참조)

상태와 진화의 구분은 장기 게임이라는 비유를 사용해서 설명된다. "각 말들의 가치는 장기판에서 그들의 위치에 따라 결정된다." 이 비유는 여러 측면에서 적절하다. 한 번에 말 한 개만을 움직일 수 있는 것과 마찬가지로 변화는 각 요소에 개별적으로 가해진다. 그러나 말을 한 번 움직이는 것이 장기 게임의 상태에 변화를 가져오듯이, 체계의 한 지점에 가해지는 변화는 체계 전체를 변화시키는 결과를 초래한다. 통시적인 현상은 그 자체로 맹목적으로 일어나며, 여기서 비롯되는 공시적인 결과들(체계의 변동)은 그 통시적인 현상과는 무관하다. 물론 어떤 식으로 공시적인 결과들에 이르렀는지 알아보는 일도 유용하지만, 중요한 것은 오직 상태들이다. 독일어의 복수 'Gäster(주인들)'는 예전에 'gasti'라는 형태를 지녔다. 오늘날 'Gäste'가 복수임을 이해하기 위해서는 'Gast/Gäste' 쌍이 소용될 뿐이다. 즉 'gasti'를 'Gäste'가 대체했다는 지식은 언어를 사용하는 데 아무런 이점도 가져다 주지 않는다. 이는 장기를 처음부터 지켜본 것이 현재 말을 움직이는 데 필요한 추가 정보를 제공해 주지 못하는 바와 같다. 결국 필요한 것은 전부 장기판이나 화자가 사용하는 체계 속에 있다.

이 비교에서 한 가지 잘못된 점을 볼 수 있다. 그것은 장기를 두는 사람은 마음대로 말을 이동시키는 반면, 언어는 절대 미리 계획되는 것이 아니라는 점이다. 즉 어느 누구도 장기를 두는 사람의 역할을 맡을 수 없다.

공시태와 통시태의 이론적 위상은 같지 않다. 공시적 사실들은 화자가 쉽게 이해하기 때문에 공시태가 우위에 선다. 따라서 의미 작용을 생산해 낼 수 있는 능력(의미를 지니도록 하는 것)은 공시적 사실의 본질적인 성질이다. 즉 언어학에서는 상태들만이 "의미를 주는 능력을 갖는다. 이 의미 능력이 없다면 언어는 본연의 성질로서 존재하지 못할 것이다."(원전) 어떤 대립(예를 들어 단수/복수)이 프랑스어 화자들에게 의미가 있고 사용된다는 것은 이 대립이 프랑스어 체계, 즉 프랑스어 문법에 속한다는 말과 같다. 이렇게 해서 공시태·체계·의미 그리고 문법 사이에서 등가가 확립된다. 이 지적에 대한 결과들로 다음의 세 가지를 들 수 있다.

── 화자에게는 지식이 있으며, 화자는 말을 할 때 이 지식을 사용한다. 이 지식은 언어학자가 언어 단위들을 설정할 때 사용될 수 있다. "어떤 단계에서든 의미가 있는 것은 전부 화자들에게 구체적인 요소로 나타나고, 화자들은 담화에서 이 요소를 반드시 식별한다." 이 지식에 근거하여 언어학자는 분석

방법을 명백히 할 수 있게 된다. 소쉬르에게 있어서는 이것이 아직 예정 단계에 머물렀지만, 소쉬르 이후 20세기 언어학 전반에서는 이를 세심하게 다듬는 데 노력을 기울인다. 즉 '화자의 직관'을 근거로 삼게 되는 것이다.

—— 공시적 차원의 단위들과 통시적 차원의 단위들은 기본적으로 그 성격이 다르다. 의미를 갖기 위해서 공시적 사실은 체계에 속하는 어휘 두 개를 관련지어야 한다. ("'Gäste'가 복수를 표현하는 것이 아니라 'Gast/Gäste' 대립이 복수를 표현하는 것이다.") 반면에 통시적 사실은 어휘 하나에만 관계하며, 새로운 어휘의 출현은 이전 어휘가 사라지는 것을 전제한다. ('gast/gasti'에서 'Gast/Gäste'가 되고, 새로운 단수/복수 대립이 이전의 것을 대신한다.)

—— 공시적 연구는 의미들이 구성되는 유일한 장소, 즉 언어 내부에서만 이루어지는 반면, 통시태의 연구 대상은 한 언어이거나 여러 언어들의 비교가 될 수 있다.

소쉬르는 당시의 언어학이 각각 상태와 변화에 할애한 비중을 완전히 뒤흔들어 놓는다. 실제로 비교주의자들은 무엇보다도 변화에 관심을 갖고 있었다. 특히 신문법학자들에게 언어학은 역사를 연구하는 학문이며, 이 학문의 유일한 임무는 언어의 변화를 연구하는 일이다. 소쉬르가 이것을 소홀히 하거나 역사언어학에 귀 기울이지 않은 것은 아니다. 그는 역사언어학에 정통해 있었고, 실제로 역사언어학을 사용하기도 했으며, 역사언어학은 출간된 그의 저서의 핵심을 이루고 있기도 하다. 그러나 그가 일반 언어학에 대해 고찰할 때, 통시태에 부여하는 자리는 부차적인 것에 지나지 않는다. 진화란 화자들의 행위를 통해서 한 통시태에서 또 하나의 통시태로 이행하는 것이다. ('파롤'을 통해서 '랑그'가 변하는 것이다. 5장 참조) 소쉬르는 통시적 사실들 가운데서 음성 변화와 유추 변화를 구별한다. 음성 변화('calidum'에서 'chaud'로의 이행)는 결코 의미를 가질 수 없기 때문에 이 변화들은 랑그, 즉 체계의 연구에서는 다루어지지 않는다. 그러나 6장에서 보게 될 유추 변화('nous prouvons'을 토대로 'ils preuvent'에서 'ils prouvent' 으로의 이행)의 경우는 이와 다르다.

언어 상태에서의 기능 작용이 그 외부의 것을 개입시키지 않는 것처럼 소쉬르에게서 변화란 결코 기능적인 목적으로 실현되지 않는다. 그가 변화에 대해 가지고 있는 생각은 극도로 반(反)목적론적이다. "의미를 갖게 되는 것은 우연에 의해 만들어진다."(원전) 그리고 《일반 언어학 강의》에서는 "우연한 상태는 주어진 것이다. (…) 우리는 이 우연한 상태를 구별짓게 하기 위해서 이 상태를 붙잡아둔다"라고 씌어 있다.

2. 요소들에서 체계로, 혹은 체계에서 요소들로

공시태의 개념을 제 위치에 놓음으로써 언어학자 활동의 장은 윤곽이 잡히게 되었다. 즉 공시 체계가 어떻게 기능하는가가 그것이다.

《일반 언어학 강의》에서 체계의 개념은 어디에나 나타나고, 심지어 이 개념이 완전히 설명되기도 전에 쓰이고 있다. 이 개념은 이미 언급된 비교를 통해서 제시되고 있다. "장기 게임이 온통 서로 다른 말들의 결합인 것처럼, 언어도 전적으로 구체적 구성 단위들의 대립을 기초로 하여 세워진 체계의 성격을 지닌다."

체계에 관해 소쉬르가 가지고 있는 생각의 독창성은, 언어에 대한 고찰이 소쉬르의 견해에까지 이르게 하는 단계들을 기술하면서 나타난다.

1) 언어는 조직을 갖고 있다. 이는 고대 그리스 시대 이래로 문법을 세우려는 생각에 반드시 필요한 요구 조건이다.

2) 이 조직은 각 언어마다 특수한 '형태'를 가지며, 그 외적인 것에는 기초를 두지 않기 때문에 자체로 조직된다. 이는 18세기와 19세기 언어학의 기본 원칙(비록 명시적이지는 않지만 이를 훔볼트에게서 발견한다)이며, 소쉬르는 이를 다시 받아들여 체계화시켰을 뿐이다.

3) 이 조직은 체계의 형태를 띠고 있다. 즉 음과 의미 재료를 토대로 하나의 형태를 이루는 망이며, 감각 경험으로 알 수 있는 요소들보다 더 강력한 실재를 소유하고 있다. 바로 여기서부터 소쉬르의 시기이다.

요소의 개념을 명백한 것으로 보는 비교 문법과는 대조적으로, 소쉬르에게 있어서 언어 요소들은 직접적인 자료가 되지 못한다. "우선 우리가 관찰할 때, 언어의 구체적인 개체들이 그 자체로 나타나지 않는다는 점을 납득해야 한다." 요소들을 찾아내는 것과 체계에서 이 요소들이 어떻게 기능하는지를 연구하는 것은 같은 일이다. 요소들을 결정하기 위해서는 이들간에 유지하고 있는 관계들을 알아야 하기 때문이다. 이처럼 프랑스어에서 반과거 -ai-(il chant-ai-t)는 시제 체계 안에서 현재

(il chante), 미래(il chante-r-a), 그리고 조건법(il chante-r-ai-t)과 구별된다고 규정지을 때 따로 떼어낼 수 있다. 소쉬르의 체계는 이미 존재하고 있는 요소들의 합이 아니라, 요소들을 이루고 있는 관계들의 작용인 바이다. ("서로 깊은 연관성이 있는 것들의 합체로부터 출발해야 한다.")

우리가 모르는 언어로 이야기하는 것을 들을 때, 하나의 연속된 연쇄로 나타나는 것에서 아주 작은 요소도 따로 떼어 놓을 수 없다는 사실을 흔히 관찰을 통해서 알 수 있다. 소쉬르는 출발부터 한편으로는 음성 재료, 다른 한편으로는 의미 작용이 모두 '무정형의 덩어리'를 이루고 있으며, 이 덩어리 내부에서 어떤 언어든지 절단이 이루어진다는 점에 주목한다. 발화 연쇄는 마치 이어진 리본과 같아서, 언어를 알고 있는 사람(그리고 동일한 조건에 처하려는 언어학자)만이 음성 측면과 의미 측면에서 단위들을 식별해 낼 수 있다. 이처럼 언어(랑그)가 무엇인지를 설명하는 일은 실질(substance: 음성적 그리고/혹은 의미적)이 아니라, 언어가 이 실질에 부과하는 형식(forme)이다. 실질만을 검토한다면 'chanterait'가 'chante-r-ai-t'로 분절되어야 한다는 사실을 알 수 없다. 이는 실상 네 요소들 각각이 특정 의미에 특정 형태가 대응하고 있는 것이다. "언어는 모든 부분들이 공시적 연대 관계를 이루고 있는 것으로 간주될 수 있고, 또 간주되어야만 하는 체계이다."

그렇다 해도 한 가지 질문이 제기된다. 즉 실질을 근거로 삼을 수 없는 이상 두 개의 단위가 같은 것이다, 혹은 그렇지 않다라는 것을 어떤 기준에 근거해서 결정할 수 있겠는가? 'chantait'에서 -ai-와 'mangeait'에서 -ai-가 같은 단위를 이루고 있다는 점을 어떤 기준에 의거해서 결정할 수 있겠는가? 체계이기 때문에 똑같은 의미를 주는 시피니앙 연쇄가 똑같은 의미와 연결되어 있다고 대답하는 것으로는 충분치 않다.

결국에는 두 개의 요소가 서로 동일하다고 규정하는 일은, 이 두 요소가 체계 내에서 동일한 위치를 차지하고 있고, 동일한 가치를 지니고 있음을 제시하는 것이다.

3. 동일성, 차이, 그리고 가치

원전들은 소쉬르에게 있어서 가치의 개념이 꽤 늦게 자리를 잡았다지만, 그가 이 개념에 대해 점차적으로 깊은 관심을 가졌음을 보여 주고 있다. 이 개념은 추론의 결과로서가 아니라 기본 원칙으로 나타나며, 이 원칙의 중요성은 저서 전체에서 재확인된다. 이 개념은 여러 상이한 관점들을 통해서 접근되었고, 그 중 하나는 동일성의 질문에 대한 대답을 이룬다.[1]

두 개의 언어 요소들이 지닌 동일성에 대한 성격을 정의하기 위해서 소쉬르는 두 가지 유형의 동일성, 즉 재료의 동일성과 관계의 동일성을 구별한다. 관계의 동일성은 바로 '저녁 8시 45분 제네바-파리간 급행 열차 두 대'의 동일성을 말한다. 다른 날 이 두 기차간에는 재료면(객차들, 직원, 승객들……)에서 볼 때 동일한 것이 하나도 없다. 그럼에도 불구하고 같은 기차이다. 그 이유가 무엇인가? 그것은 체계 안에서의 그 위치가 다른 위치들과 비교해서 같기 때문이다. 이 기차는 파리-제네바 기차가 아니며, 오전 10시 15분 기차도 아니며, 지

방 열차 제네바-디종 기차도 아니다…….

이와는 반대로 재료의 동일성은 내가 도둑맞은 옷을 헌옷장수에게서 다시 찾을 때의 동일성을 말한다. 재료를 보면 그것은 분명 같은 옷이다. 언어의 동일성은 그 성격이 다르다. 두 요소는 체계에서 같은 위치를 차지하지 않더라도 재료가 동일할 수 있다. (예를 들어 'dent(치아)'과 'dans(안에)'은 모두 [dã]으로 발음되고, 동사 'couvent(couver(알을 품다) 동사의 3인칭 복수형)'과 명사 'couvent(수도원)'은 철자가 같다.) 다른 한편으로는 체계에서 같은 관계로부터 생긴 단 하나의 어휘가 재료면에서 서로 다른 분절들로 나타날 수 있다. (dans은 자음 앞에서는 [dã]으로 발음되고, 모음 앞에서는 연음 현상 때문에 [dãz]로 발음된다.) 언어의 동일성은 재료와 관련된 것이 아니라 관계에 의한 것이다.

한 낱말이 여러 가지로 달리 실현될 수 있다고 가정해 보자. 예를 들어 'messieurs'는 용법과 상황에 따라 상당히 다양할 수 있다. 이 다양한 형태들을 한 낱말에서 실현되었다고 여길 수 있는 것은 실질의 재료가 유사하기 때문이 아니라, 이들이 다른 낱말에서 얻어질 수 없기 때문이다. 그래서 음성적인 측면에서 'messieurs'는 'monsieur, essieu, messieds……'와 구별되어야 한다. 즉 'messieurs'의 발음은 다른 어휘들이 존재함으로써 부과되는 경계 안에서만 다를 수 있는 것이다. 의미적인 측면도 같은 방법으로 경계를 통해서 이루어져 있다. 'messieurs'(남성 경칭, 복수형)의 의미는 'mesdames'(기혼 여성에 대한 경칭, 복수형)의 의미와 다르며, 'seigneurs'(귀족 계급에 대한 경칭, 복수형)의 의미와도 다르다. 언어 요소들에 관해서는 소쉬르가 가치에 대해 언급한 바를 인용할 수 있다. "이들의 더 정확한 특성은 여타 항들이 가지지 못한 자신만의 고유한 것을 가지는 점이다." 즉 랑그의 체계 전체는 **동일성**과 **차이**로 구성된다.

α라는 단위가 가치를 지니는 것은 그 실질 때문이 아니라, 'b가 아니다(non-b)' 그리고 'c가 아니다(non-c)'이기 때문이다. 체계는 체계로서만 작용하기 때문에 '언어에는 차이들이 존재할 뿐이다.' 그러나 소쉬르는 곧 다음과 같이 덧붙인다. "원래의 항 없이 차이만이 존재할 뿐이다." 이는 차이에는 원래의 항이 없음을 의미한다. 모든 항은 차이들의 복합적인 장소이다. 예를 들어 독일어의 복수에서 'Nacht'와 'Nächte'는 둘 다 차이에 의해 가치를 갖는다.

가치에 대한 좀더 교육적인 접근은 장기 게임을 이용한 다른 비교를 통해서 이루어진다. 장기의 졸은 '그 순수한 물성'(그 실질)에서 본다면, 장기를 두는 사람에게는 아무것도 제시해 주지 못한다. 즉 "졸은 일단 가치를 부여받고 그 가치와 일체를 이룬 연후에야 실제적이고 구체적인 요소가 되는 것이다." 따라서 가치는 즉각적으로 명백히 읽히는 관계가 아니다. 한 요소가 다른 요소와 동일할 수 있는 것은, 그 요소가 어떻게 실현되든지간에 '다른 요소에 그것과 같은 가치를 부여하는' 경우이다.

그러나 이 비교는 앞선 비교들보다는 다소 적절치 못한 듯하다. 어느 누구도 언어 가치가 특별히 복합적인 현상이어야 함을 의심하지 않기 때문에 그러하다. 그러나 장기 게임의 이미지는 이 복합성을 잘 드러내 주지 못한다. 장기판의 칸수가 제한되어 있는 반면, 언어의 사용 가능성은 그렇지 않다. 다른 한편으로는 장기의 규칙을 위반하면 즉시 게임에서 물러나야 하므로 규칙은 어길 수 없지만, 언어의 한 규칙을 따르다가 이를 중단한 일은 사실상 다른 규칙을 따르는 것이다. (아이가 'éteindre/éteindrai'에 입각해서 'viendrai'로부터 'viendre'를 만들어 낼 때처럼. 5장의 5 참조)

4. 가치와 의미 작용

《일반 언어학 강의》제2부 2장과 3장은 가치에 대한 이론적인 필요성을 제시했지만,《일반 언어학 강의》에서 가장 뛰어난 대목으로 인정받아 온 부분은 바로 4장으로 사고와 음의 두 영역은 그 자체로는 무질서하고 무정형이며, 연속체를 분절하는 언어적 절단을 통해서만 형태를 갖는다는 관찰에서 출발하여 가치에 대해 설명해 나간다.

그러므로 언어(랑그)는 항들이 맺는 관계에 따라서 이 항들을 조직하는 체계이다.(6장 참조) 이 항들은 의미를 주는 재료 전반을 공유하며, 이렇게 해서 가치를 만들어 내고, 이 가치들을 통해서 의미 작용이 이루어진다. 언어의 개체는 체계의 항이므로, 언어의 개체는 곧 가치이다.

그러나 시니피에가 시니피앙에 의미를 주는 상대물이라고 하는 기호의 정의에서 의미 작용은 이미 문제가 된 바 있다. 그렇다면 시니피에, 의미 작용, 그리고 가치는 어떤 관계를 이루고 있는가?

의미 작용은 '그 자체를 위해 존재하고 폐쇄된 영역으로 간주되는 낱말의 경계 내에서' 시니피앙과 시니피에의 관계로부터 얻어진다. 소쉬르는 이를 우리가 이미 살펴본 도식으로 나타낸다.

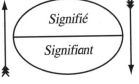

그러나 차이의 원칙은 기호가 '언어의 여타 기호들의 상대물'이라는 것을 확립할 수 있게 해주었다. 즉 소쉬르는 가치를 통해서 기호를 폐쇄된 단위로 여기는 언어의 견해와 맞선다. 소쉬르는 기호들의 상호 의존성을 새로운 도식으로 나타낸다.

여기서 수평 화살표들은 기호들간의 관계, 즉 가치가 구축됨을 나타낸다.

"언어(랑그)는 모든 항들이 서로 연관된 체계이며, 이 체계에서 한 항의 가치는 다른 기호들이 공존할 때에만 생겨난다." 이는 영어의 'sheep'과 프랑스어의 'mouton'의 비교를 통해서 설명될 수 있다. 이들은 같은 의미를 가지지만 같은 가치를 지니지는 않는다. 'sheep'이 'mutton'과 대립되는데, 후자 또한 프랑스어에서 'mouton'으로 번역되기 때문이다. 'mouton'의 가치에 접근하기 위해서는 'mouton(양)'이 'bélier (숫양)' 'agneau(어린양)' 'brebis(암양)' 'cheval(말)' 등이 아님을 보여 주어야 한다. 'sheep'의 가치도 이와 동일한 대립들로 이루어지며, 여기에 'sheep'은 'mutton'이 아니라는 점을 추가해야 한다. 각각의 의미 작용은 이 대립들을 통해서 경계지어지는 것이다.

차이란 어떤 단위에 부차적으로 부여할 수 있는 특성이 아니라, 그 단위를 구성하고 있는 특성이다. 즉 a라는 단위의 의미를 설정하기 위해서는 이 단위의 긍정적인 특징들에 따라 이 단위를 검토해서는 안 되며, 반대로 a라는 단위가 'b가 아니다(non-b)' 'c가 아니다(non-c)' ……가 되도록 a 단위의 긍정적인 특징들을 빼야 한다.

이와 아울러서 소쉬르는 전통적이고 일반적인 정의에서 가치가 지닌 이중적인 성격을 환기시킨다. 즉 가치는 서로 달라서 교체할 수 있는 두 사물과, 그리고 서로 유사하여 비교할 수 있는 두 사물간의 관계에서 생긴다. 이 정의는 동전과의 비교를 통해서 뒷받침된다. 서로 다른 사물이란 동전 하나와 이 동전으로 살 수 있는 사물을 말하며, 서로 유사한 사물은 같은 체계에 속하는 다른 동전들과 비교된 동전을 말한다. 의미 작용에 대한 두 가지 접근이 가능하고, 이들이 서로 일치한다는 것은 이런 식으로 이해된다. 기호에서는 서로 성격이 다른 두 개의 사물, 즉 사고와 음성의 물성과 관계된다. 유사한 두 개의 사물을 비교할 때(한 기호를 다른 기호와), 관계는 가치를 만들어 낸다. 의미 작용에서 시니피에와 가치는 서로를 내포해야 한다.

가치는 어휘적 측면과 문법적 측면에서 모두 의미 작용을 가능케 하는 것이다. 어휘 측면에서는 의미 작용이 상호 제한의 산물임을 받아들이는 것은 쉬운 일이다. 그래서 완전한 동의어가 존재할 수 없는 것이다. 각 어휘는 다른 어휘들이 부과하는 제한으로 그 외연이 결정되기 때문이다. 예를 들어 유사 동의어를 이루는 세 동사 'redouter' 'craindre'와 'avoir peur'는 서로 다르다는 사실로 구별될 수 있다. 문법 측면에서도 마찬가지이다. 소쉬르는 복수의 예를 들면서 오로지 단수와 대립하는 프랑스어의 복수와 쌍수(둘씩 짝지어지는 지시 대상을 위해서)를 포함시키는 형태론적 체계를 갖는 언어인 그리스어의 복수 가치는 동일하지 않다고 한다. 마찬가지로 프랑스어의 반과거가 갖는 가치와 독일어의 과거가 갖는 가치는, 비록 그 의미 작용이 유사할 수 있다 할지라도 같지 않다. 왜냐하면 프랑스어에서의 반과거는 독일어에 없는 단순 과거와 대립을 이루기 때문이다.

어휘 측면에서처럼 문법 측면에서도 가치, 즉 의미 작용은 기호들의 상호 제한에서 나온 결과물이다. "언어에서 기호 하나가 증가되면, 그만큼 다른 기호들의 의미 작용은 줄어든다. 역으로 만일 어쩌다가 처음에 두 개의 기호만이 선택되었다면, 이 두 기호들에 모든 의미들이 분배될 것이다. 한 기호는 사물의 반을, 그리고 나머지 기호는 다른 반을 지칭했을 것이다."(〈제2강의〉)

가치는 기호 자의성의 결과이며, '자의성과 차이는 상관적인 두 가지 특성이다.' 그러나 이 관계는 편집자들의 잘못으로 《일반 언어학 강의》에서는 약간 모호하다. 편집자들은 "가치는 완전히 상대적이며, 바로 이러한 이유로 사고와 음의 관계는 근원적으로 자의적이다"라고 쓰고 있는데, 원전에는 "관계가 완전히 자의적이기 때문에 가치는 완전히 상대적이다"(드 모로)라고 씌어 있다. 이와 같은 수정은 원인이 되는 바를 결과로 제시하기에 이른다.

사실《일반 언어학 강의》에서 이해하기 어려운 부분은 이 대목만이 아니다. 그럼에도 같은 지적을 할 수 있다. 즉 기호들 간의 관계 수립(수평 화살로 나타낸 것)은 이미 설정된 기호들에 부차적으로 개입되는 것처럼 보임으로써, 이 관계 수립의 구성 역할이 가려져 있다. 그렇지만 가치는 언어-목록과 서로 대립될 수 있다. "우리는 미리 주어진 **관념** 대신에 체계에서 생기는 **가치**를 발견하게 된다. 이 가치들이 개념들에 대응된다고 하면, 이 개념들이 순전히 차이를 나타내고 그 내용에 따라 긍정적으로 정의되는 것이 아니라, 체계에 속하는 다른 항들과의 관계에 의해서 부정적으로 정의되는 것임을 의미한다."

따라서 가치는 의미 작용에 있어서 결정적인 요소이다. 그러나 의미 작용을 가치만으로 추론해 낼 수 있는가? 이제까지 살펴본 바에 여러 사항을 덧붙여야 할 것이다.

우선 가치는 랑그의 잠재성이고, 의미 작용은 파롤의 실현이다.(5장 참조)

다음으로 가치와 의미 작용은 서로 완전하게 일치하지 않는다. 본래 공통 의미를 갖고 있지 않은 어휘와 유사하다는 사실 때문에 한 어휘가 얻을 수 있는 '가치의 증가'가 존재하기 때문이다. 'décrépit(초췌한)'('un vieillard décrépit(초췌한 늙은이)')는 'décrépi(회가 떨어진)'('un mur décrépi(회가 떨어진 벽)')와 혼동됨으로써 그 의미가 풍부해진다. 우리는 6장에서 이 개념과 연합 사이의 관계를 보게 될 것이다.

그러나 p.158의 문장을 좀더 자세히 연구해 보면, 의미 작용이 가치의 지배를 받는다는 점에 그쳐서는 안 될 것이다. "개념적인 측면에서 본다면 가치는 틀림없이 의미 작용의 한 요소이다. 의미 작용이 가치에 속하면서 어떻게 가치와 구별될 수 있는지 알기란 매우 어렵다." 이 문장으로부터 외양상 서로 상반된 두 가지 명제를 끌어낼 수 있다.

—— 가치는 의미 작용의 한 요소이다.
—— 의미 작용은 가치에 속해 있다.

여기서 제시한 분석이 두번째 명제를 만족시켰다면, 첫번째 명제는 설자리가 없다. 이 두 명제를 다 만족시키기 위해서 다음의 가설을 세울 수 있다. 가치의 개념을 가지고 소쉬르는 의미 작용의 언어학적 부분을 기술한다. 의미 구성에서 어떤 역할을 맡고 있는 부분이 또 남아 있지만, 이는 기본이 되는 이분법에서 제외된 것 전부와 관계된 부분이므로(5장 참조) 언어학의 영역을 벗어난다.

소쉬르는 19세기 후반 이래로 언어에서의 의미 구성에 관련된 학문을 지칭하는 **의미론**이라는 용어를 단 한 번도 사용한 적이 없다. 그렇지만 1891년 파리 콜레주 드 프랑스의 교수로 이 용어의 창시자인 브레알의 후임 인물[2]로서는 그래도 역시 의미론에 주목했을 것이다. 그렇다면 이는 소쉬르가 당시의 의미론에 무관심했던 것인가? 의미 해석의 문제점들 앞에서 절제했던 것인가? 여하튼 우리는 여기서 언어에 대해 소쉬르가 취한 철학적 태도가 끼친 영향을 살펴보려 한다. 즉 언어학자만 언어의 모든 것에 몰두하는 것은 아니며(5장 참조), 다른 학문들도 당연히 언어에 몰두할 수 있다는 사실이다.

소쉬르의 강의에서 가치는 당시의 언어학에 비해 가장 근본적으로 혁신적인 사항이며, 이전에 존재했던 언어학으로 돌아가는 것을 가장 어렵게 만드는 사항이다. 가치의 본질적 특성은 재료의 동일성이 없다는 점보다는 오히려 재료의 동일성이 지닌 우연적인 측면에 있다. 즉 기호·시니피앙 혹은 시니피에는 다른 것들과 혼동될 위험이 없는 한 변할 수 있는 것이다. 단위는 다른 단위들의 저항에 의해서 제한될 뿐이다. (따라서 이는 부정적인 제한이다.) 이렇게 설정된 언어의 단위 원칙은 언어학자의 활용에서 결정적인 영향을 끼치게 된다. 즉 언어들이 자체로 기능하기 때문에, 같은 체계에 속하는 것으로 증명된 치환(commutation)과 비교의 조작들이 우선적인 권한을 갖게 된다. 《일반 언어학 강의》는 이를 되풀이하여 이야기하며, 바로 이것이 소쉬르의 중심 논제이기도 하다. 즉 "언어(랑그)는 실질이 아니라 형식이다." 가치의 체계는 음-청각 재료와 의미 재료(두 개의 실질, 즉 구성 원칙들을 자체적으로 가지고 있지 않은 두 개의 무정형의 덩어리)로 이루어진 것이 아니라, 이 재료들에 형식을 부여함으로써 실질에서부터 언어적 형상들을 창조해 내는 것이다.

【참고 문헌】

《일반 언어학 강의》

　제1부 3장.

제2부 1장, 2장, 3장, 4장.

Jean-Louis Chiss, Synchronie/diachronie : méthodologie et théorie en linguistique, *Langages, 49*, 1978.

Oswald Ducrot, Le structuralisme en linguistique, *Qu'est-ce que le structuralisme?*, Seuil, 1968.

Rudolf Engler, *Lexique de la terminologie saussurienne*, 1968.

Claudine Normand, Propositions et notes en vue d'une lecture de F. de Saussure, *La Pensée, 154*, 1970.

5

대　상

《일반 언어학 강의》 발췌문, 제3장 서문.
'랑가쥬의 사실들 내에서 랑그의 위치.'

　모든 화자에게서 결국 거의 같아지게 되는 자국(흔적)들이 형성되는 것은 수신과 조정 능력의 작용을 통해서이다. 언어(랑그)가 나머지와 완전히 분리되어서 나타나도록 하기 위해서는 이 사회적 산물은 어떤 식으로 표현되어야 하는가? 만일 우리가 각자에게 누적되어 있는 구술 영상들 전체를 파악할 수 있다면, 랑그를 이루는 사회적 관계에 관해 언급할 수 있을 것이다. 그것은 동일한 공동체의 화자들이 파롤을 사용함으로써 만들어 놓은 보물, 즉 각자의 두뇌, 다시 말해 개개인 모두의 두뇌 속에 잠재적으로 존재하고 있는 문법 체계이다. 랑그는 개인 안에서는 완전하지 않으며, 철저히 대중 속에서만 존재하기 때문이다.

　랑그를 파롤과 구분함으로써 1) 사회적인 것과 개인적인 것, 2) 본질적인 것과 부수적이면서 다소 우연적인 것을 구분하게 된다.

　랑그는 화자의 기능이 아니라 개인이 수동적으로 저장하는 산물이다. 즉 랑그는 절대 준비된 사고를 전제하지 않으며, 고찰은 p.170에서 문제가 되는 분류 활동을 위해서만 랑그에 개입한다.

반대로 파롤은 자유 의지와 지능의 개인적인 행위이다. 이 행위에서 다음의 사항들을 구분하는 것이 타당할 터이다.

1) 화자가 개인적인 생각을 표현할 목적으로 언어 코드를 사용할 때 필요한 결합들.

2) 화자가 이 결합들을 바깥으로 드러낼 수 있도록 하는 정신적-물리적 구성 원리.

우리가 낱말을 정의한 것이 아니라 사물을 정의한 것임을 지적해야 한다. 그렇기 때문에 이같이 이루어진 구분은 언어마다 차이를 보이는 몇몇 중의적인 용어들을 꺼릴 필요가 없는 것이다. 독일어에서 'Sprache'는 '언어'와 '랑가쥬'를 의미하고, 'Rede'는 '파롤'과 거의 일치하지만, '담화(discours)'라는 특수한 의미가 첨부된다. 라틴어에서 'sermo'는 오히려 '랑가쥬'와 '파롤'을 의미하며, 'lingua'는 언어를 가리킨다 등등. 어떤 용어도 위에서 명시된 개념들과 정확하게 대응하지 않는다. 그러므로 한 용어에 대한 정의는 모두가 헛된 것이며, 사물을 정의하기 위해서 용어로부터 출발하는 것은 좋지 않은 방법이다.

언어(랑그)의 특성들을 다시 열거해 보자.

1) 랑그는 랑가쥬의 사실들이 뒤얽혀 있는 총체로 아주 한정된 대상이다. 랑그는 음향 영상과 개념이 결합하는 회로의 일정 부분에 위치할 수 있다. 랑그는 개인을 벗어난 랑가쥬의 사회적 부분으로, 개인 혼자서는 랑그를 생산할 수도 변경할 수도 없다. 즉 랑그는 구성원들간에 맺은 일종의 계약 덕분에 존재

하는 것이다. 다른 한편으로 랑그를 조작하기 위해서 개인은 학습해야 한다. 즉 어린이는 이를 조금씩 익혀 가게 되는 것이다. 랑그는 아주 판명한 것이어서 파롤의 사용이 없는 사람도 음성 기호들을 듣고 이해하기만 하면 랑그를 보유하게 된다.

2) 랑그와 파롤은 별개의 것이어서 랑그는 따로 떼어 연구할 수 있는 대상이다. 우리는 사어(死語)로 말하지 않지만, 이런 언어들의 조직은 충분히 익힐 수 있다. 언어과학은 랑가쥬의 다른 요소들을 필요로 하지 않으며, 또한 이 다른 요소들이 섞이지 않을 때에만 가능하다.

3) 랑가쥬는 이질적인데 반해, 이렇게 한정된 랑그는 동질적인 성격을 갖는다. 즉 랑그는 본질적으로 의미와 음향 영상의 결합만이 존재하는 기호 체계이며, 기호 체계에서 기호의 이 두 부분은 정신적이다.

4) 랑그는 파롤과 마찬가지로 구체적 성격의 대상이며, 이런 사실은 연구에 큰 이점이 된다. 언어 기호가 본질적으로 정신적이기 위해서는 추상적 관념이 아니다. 즉 집단의 동의로 승인되고, 그 전체가 랑그를 이루는 연합은 두뇌 속에 자리를 차지하고 있는 실재인 것이다. 게다가 랑그의 기호들은 만질 수 있다. 즉 문자는 언어 기호들을 협약에 의거한 영상 속에 고정시켜 놓을 수 있다. 반면 파롤 행위는 그 세세한 부분까지 사진을 찍어 놓을 수 없다. 한 낱말의 발음은 그 낱말이 아무리 짧은 것이라 해도, 파악하기 어렵고 형체로 나타내기 어려운 수많은 근육의 움직임을 표현하기 때문이다. 반대로 랑그에는 음향 영상만이 있으며, 이 음향 영상은 항구적인 시각 영상으로 표현될 수 있다. 왜냐하면 파롤에서 음향 영상의 실현에 필요

한 수많은 움직임들을 추상화해 보면, 다음에 살펴보겠지만 각 음향 영상은 제한된 수의 요소나 음소의 합에 지나지 않기 때문이다. 이 요소들이나 음소들은 그 수만큼의 기호로 문자에서 나타날 수 있다. 랑그에 관한 것들을 고정시킬 수 있는 이러한 가능성이 사전과 문법을 랑그의 충실한 표상물이 될 수 있게 하는 것이다. 랑그는 음향 영상들의 저장고이며, 문자는 이 영상들의 만질 수 있는 형태이기 때문이다.

명백하게 다루어질 수 있는 영역의 대상과 위상에 대해 이처럼 늦게 의문을 가지게 되었다는 점은 놀라운 일일 수 있다. 《일반 언어학 강의》에서는 대상의 문제와 랑그와 파롤의 개념에 대한 정의가 전개 부문에서 빨리, 즉 서문에서부터 나타난다. 그러나 원전들을 보면 소쉬르가 대상의 문제와 랑그와 파롤의 개념 정의에 관해 행한 고찰이 다른 개념들에 대한 정의, 그리고 앞의 두 장에서 우리가 제시한 개념들에 대한 고찰을 전제하고 있음을 알 수 있다. 따라서 우리는 대상의 문제와 랑그와 파롤의 개념 정의에 관한 고찰을 《일반 언어학 강의》의 순서를 따르지 않고, 또 '체계'에 대한 고찰과 '구성 원리'에 대한 고찰의 맥을 끊는 한이 있어도 이 둘 사이에서 다루는 편이 더 좋을 듯싶었다.

소쉬르의 언어학이 부여하는 임무들 중 하나는 언어학의 대상과 이것이 속하는 영역에 대해 고찰하는 것이다. 이를 언어학의 역사에 비추어본다면, 이 영역은 부과되는 것이 아니다. 연속적이든 아니면 병행적이든 언어학은 여러 분야와 결부되어 있기 때문이다. 즉 아리스토텔레스나 포르루아얄학파에서는 논리철학, 19세기 슐라이허와 함께 한 자연과학, 비교론자들에게는 역사, 20세기말 분트나 발리에게는 심리학과 결부되어 있다. 물론 이것은 아주 피상적인 설명일 뿐이다. 언어학·철학·역사학·수사학·논리학은 서로 복잡한 연관성을 갖고 있기 때문이다.

언어학을 기호학의 일부로 만드는 자신의 관점을 정립하기 위해서, 소쉬르는 언어학을 그 대상의 결정에 관해 고찰하는 것이라고 함으로써 철학적 관점과 역사적 관점으로부터 분리해 내려고 노력한다. 당시 20세기 초반에는 언어학을 철학적 견해와 역사적 견해에 결부시키는 일이 빈번했다. 소쉬르는 진화를 생각지 않았다고 철학자들을 비난하였고, 언어의 상태들이 존재한다는 사실을 잊었다고 역사학자들을 비난하였다. "언어학자가 아닌 사람들이 행한 언어 연구는 주제를 본질적인 측면에서 접근하지 않는다."(〈제2강의〉) 소쉬르는 무엇보다도 이 본질, 즉 기호 체계로서의 언어를 정의하는 데 전념한다.

1. '분석보다 앞선 대상은 없다'

소쉬르의 어느 한 주석에 나오는 이 문구는(원전) 언어학의 대상을 결정하는 문제를 보여 주며, 소쉬르는 **재료**(matière; 랑가쥬와 관련된 현상들 전체)와 **대상**(objet; 랑가쥬의 사실들 중 언어학자가 채택한 장)을 구별하면서 이 문제를 설명하기 시작한다. 랑가쥬 사실들의 총체는 재료에 속하는 것이지만, 언어학은 형식 체계로서의 언어(랑그)를 그 대상으로 삼는다.

따라서 '대상'은 넓은 의미로 받아들여져야 한다. 다시 말해 대상은 랑가쥬 사실들의 실재 속에 각인된 것이 아니라, 한 영역이 조직되는 원리이자 사실들이 배열되는 한 양식이다. 즉 "대상을 만들어 내는 것은 바로 관점인 것이다." 이러한 입장은 랑가쥬에 대한 다른 관점들, 즉 언어학적[1]이지 않은 관점들의 존재 이유를 보여 준다.

어떤 대상을 언어학에 부여하는 것은 무엇보다도 **랑그와 랑가쥬**를 구별하도록 한다. 랑가쥬는 능력인 동시에 기구이다. 즉 인간에게 고유한 랑가쥬의 능력은 랑그라는 기구 속으로 들어가지 않으면 실현되지 않은 채로 있는 것이다. "자연은 우리에게 분절된 랑가쥬를 부여하는 것이 아니라 분절된 랑가쥬를 하도록 조직된 인간을 부여한다. 랑그는 사회적 사실이다." (원전) **프랑스어·독일어** 등과 같은 표현은 이 첫번째 구분, 즉 랑그를 만족시킨다.

랑가쥬는 항상 이중 개념으로 표현된다. 랑가쥬는 능력인 동시에 기구이고, 생산인 **동시에** 수신이며, 음성체인 **동시에** 사고이고, 개인 행위인 **동시에** 사회 현상이며, 체계인 **동시에** 진화이다. 결국 랑가쥬는 "철저히 이중적이어서 이 점이 결코 랑가쥬를 이해할 수 없게 만든다."(엥글러, 1485F) 소쉬르의 이분법 개념들은 상반된 개념들에 대한 인식을 넘어서 이 이중성에 대한 이론적 고찰이며, 또한 이 이중성이 일으킬 수 있는 논쟁들 속에 이 이분법 개념들이 자리잡을 수 있는 한 방법이기도 하다.

언어(랑그)에 대한 정의는 여러 번의 여과를 거쳐서 정립될 것이다. 그 첫번째가 내적 요소들과 외적 요소들을 구별하는 일이다. "언어에 대한 우리의 정의는 그 조직과 체계를 벗어난 것은 전부 제외시킴을 전제한다." 이는 언어에 영향력을 행사할 수 있는 모든 외적 원인과 외적 규정을 제외시키는 일이다. 즉 민족학의 사실들, 정치역사적 사실들, 제도들의 역사적 사실들, 지리적 사실들, '개별어의 내적 구성과는 관련이 없는' 요인들은 전부 제외시키는 것이다. 소쉬르는 이 구분을 장기 게임과의 첫 비교로 설명한다. 즉 외적인 것은 게임의 기원, 말들의 재료나 형태이고, 게임의 규칙과 관련된 것들만이 내적이다.

같은 원칙에 따라 그리고 같은 이유로 '연계 학문들과의 연관성'이 언급되었으며, 이 연계 학문들, 즉 민족학·선사학·인류학·사회학·사회심리학 그리고 또한 생리학과 문헌학으로부터 '언어학은 조심스럽게 구별되어야 한다.'

내적 언어학과 외적 언어학의 구분을 뒷받침해 주는 가장 강력한 논거는 서로 상반된 두 언어학을 특징짓는 방법들간의 차이를 강조하는 일이다. 즉 외적 언어학이 사실들의 축적을 허용하는 반면, 내적 언어학에 있어서 '체계는 고유의 질서만을 허용하므로' 내적 언어학은 '어떤 단계에서 체계를 변화시키는 모든 것'에만 관계된다. 소쉬르의 언어학은 이 점에서 당시의 언어학과 차이를 보인다. 즉 특히 외적 언어학에 전념한 시절에 소쉬르의 언어학은 내적 언어학을 이룬 것이다.

우리는 시니피앙과 시니피에의 연결끈으로서의 기호에 대한 정의 자체와, 이 기호에 부여된 자의성의 특성이 어떻게 다른 두 개의 이분법을 밝혀냈는지 이미 살펴보았다.(3장)

—— 언어와 현실: 사물 영역의 지시는 기호의 영역으로 정의된 언어학의 대상에서 제외된다.

—— 언어와 사고: "사고에 관한 언어의 특징적 역할은 생각을 표현하기 위한 물질적인 음성 수단을 생산하는 일이 아니라, 사고와 음의 결합을 통해 단위들간의 경계가 서로 결정되는 조건에서 사고와 음 사이의 매개 역할을 하는 것이다" 이리하여 언어와 무관한 사고는 존재하지 않는다고 할 수 있다. 시니피앙에 대해 시니피에는 선행하지 않는다.

이 이분법들은 언어학의 대상인 **언어**(랑그)의 정의라는 기본적인 임무보다 권두에 언급되었으며, 이 **랑그**의 정의는 두 쌍인 랑그/파롤, 그리고 공시태/통시태에 의해 확고해졌다.

이미 **체계**에서 정의된 공시태/통시태 구분과 관련하여 여기서는 이분법들이 야기하고, 《일반 언어학 강의》를 시작하면서 야기된 해석의 문제들을 공시태/통시태 구분을 사용해서 설명할 때에만 이 공시태/통시태 구분을 언급할 것이다. 실제로 주해에는 세 가지 유형의 해석을 발견하게 된다.

—— 공시태와 통시태는 동일한 대상의 두 측면이라는 단순한 해석이 있다. 드 모로는 이를 풍자적으로 해석한다. 즉 "대상-랑그는 마치 뒤랑 씨가 모자와 한 쌍의 장갑을 갖고 있는 것처럼 공시태와 통시태를 갖고 있다."

—— 대립을 그 존재가 명백한 어떤 대상에 대해서 상보적이지만 서로 다른 두 가지 관점의 대립으로 환원하는 방법론적인 해석이 있다. 이렇게 해서 두 언어학, 즉 공시언어학과 통시언어학이 가능케 된다.

—— 대상이 제시하는 것이나 어느 한 접근 방법이 필수적

이게 하는 바와는 무관하게 이 구분 자체를 인정하는 이론적인 해석이 있으며, 바로 이 구분이 언어학을 과학으로 가능케 하는 조건들을 만들어 주는 것이다. 이로부터 하나의 접근 방법이 추론될 수 있는데, 오로지 이 이론적인 구분에서 비롯되는 것이다.

지금부터 우리가 언급할 랑그와 파롤의 대립은 언어 체계에 속하는 것과 언어를 사용하는 데 있어서 변화에 관계된 것을 구별함으로써, 사실상 공시태와 통시태의 이분법을 되풀이하는 일이다. '언어학의 유일하고 진정한 대상은 바로 이미 이루어진 개별어의 정상적이고 규칙적인 삶,' 즉 공시태의 언어(랑그)이다.

2. 랑그, 제도, 그리고 체계

랑그와 파롤을 대립시키는 기본적인 이분법에 의해, 랑그는 랑가쥬를 구성하는 이질적인 사실들의 분류 원칙으로 자리잡게 된다.

'랑그'라는 용어가 처음으로 등장한 것은 논점 선취에서이다. 즉 "무엇보다도 먼저 랑그의 영역에 위치해야 하며, 랑가쥬의 여타 발현들 중에서 랑그를 규범으로 삼아야 한다." 《일반 언어학 강의》의 마지막 문장도 같은 관점으로 끝을 맺고 있다. "언어학의 유일하고 진정한 대상은 그 자체로서, 그리고 그 자체를 위해서 고찰한 언어(랑그)이다." 이 정의들은 배타적인 것으로서가 아니라, 인식론적인 태도로 이해되어야 한다.

게다가 '(…) 언어학과는 명백히 구별되는 (…) 여러 학문들' 처럼 가장 근본적인 도식들은 편집자들에게서 기인한다. 소쉬르의 관심사는 단지 언어학 연구에 한 가지 방향을 제시하는 데 있었을 뿐, 랑가쥬에 대한 유일하고 진정한 관점을 언어학자에게만 부여하려 했던 것은 아니다.

랑그는 무엇보다도 파롤과 맺고 있는 일련의 대립들을 통해서 정의된다.

랑그	파롤
사회적	개인적
본질적	부수적
	다소 우연적
수동적으로 저장됨	자유 의지와 지능의 행위
정신에 관계되는	정신물리학의
두뇌 속에 있는	사람들이 이야기하는
자극의 총합	것의 총합
집단적 모델	비집단적

여기서 어느 정도의 이질성이 나타나는 것을 볼 수 있으며, 이질성은 이 정의들을 더 자세히 검토할 것을 요구한다.

랑그와 파롤의 이분법은 동일한 대목들에 나타나는 두 정의망을 교차시킨다. 한편으로 랑그는 사회 제도이다. 그 예로 "그것(랑그)은 랑가쥬 능력의 사회적 산물인 동시에 필수적인 협약들의 집합이다"를 들 수 있다. 다른 한편으로 랑그는 기호들의 체계이다. 그 예로 "랑그는 그 자체로 하나의 총체를 이루며 분류 원칙" 혹은 "자신의 고유한 질서만을 가지고 있는 체계"를 들 수 있다.

이 두 정의망(기호학적 그리고 사회학적)이 어떤 관계를 맺고 있는지 당연히 자문하게 된다. 이 점에 대해서 텍스트가 명백하게 설명하고 있지 못하기 때문에 더더욱 그러하다. 이 두 정의는 서로 관련이 있는가? 이들은 서로 상반된 것들인가?

이 두 정의가 양립할 수 있다는 사실을 지지하기 위해서 사회학망이 기호학망에서 생겨난 것이라는 관점과 혹은 그 역이라는 관점이 제안되고 있다. 1) 사회학망은 기호학망에서 생겨난 것이다. 랑그가 개인의 혁신에 영향을 받지 않을 수 있고, 그래서 랑그가 사회 제도일 수 있는 것은 랑그가 가치들의 체계이기 때문이다. 2) 기호학망이 사회학망에서 생겨난 것이다. 자의성이 근원적이고, 그래서 랑그가 체계인 것은 자의성이 랑가쥬의 사회적 성격의 결과이기 때문이다.

이 두 정의망간에 실제로 재건할 수 있는 개념적 연관성이 어떠하든, 언어학 연구에서는 이 두 정의망이 허용하는 측면에서 이들을 검토해야 한다. 즉 이 관점에서 이 두 정의망은 사실상 상반된다. 소쉬르는 사회학망을 가지고 당시 언어학자들과 가장 많은 부분을 공유하고, 반면 기호학망은 현대 언어학을 탄생시키는 진정한 행위가 되는 독창적인 제안을 제기하기에 이른다. 기호학망은 언어의 추상적 연구를 등장케 하며, 이를 《일반 언어학 강의》의 마지막 문장에서 철저히 자신의 양식으로 표현하고 있다.[2]

3. '언어학자에게 언어학자가 하는 일이 무엇인지 보여 주는 것'

1894년 메예에게 보낸 서한(본서 21쪽)을 믿자면, '언어학자에게 언어학자가 하는 일이 무엇인지 보여 주는 것'은 언어학의 대상이 한 가지 관점에서만 존재하는 만큼 더 필요한 임무를 이룬다. 즉 언어학자에게 그가 무엇을 하는 순간에 그의 활동이 어떠한 것인지를 자각토록 해야 하는 것이다.

연구할 때 언어학자가 당면하는 첫 재료는 바로 파롤의 영역이다. 랑그는 파롤을 구성하는 실질에 형식을 부여하는 일종의 촘촘하고 추상적인 '그물'이기 때문에, 랑그에 접근하는 일은 즉각적인 관찰에 속하지 않는다. 따라서 파롤은 랑그에 접근하기 위한 필수적인 통로이다.

구체적인 기본 재료/추상적인 그물: 랑그/파롤의 대립은 또한 **구체적**(파롤) 그리고 **추상적**(랑그) 대립을 담고 있다. 그러나 이 용어들은 현대 해석에 의한 것이며, 소쉬르는 이 '추상적'이라는 낱말의 사용을 주저했던 것 같다. 이 낱말이 거의 나타나지 않은 점에 대해 한 가지 설명을 제안할 수 있다. (이 낱말은 거부의 문맥에서만 나타난다.) 즉 칸트의 인식론 시대를 함께 한 소쉬르는 '추상적'이라는 낱말이 경멸적인 의미를 지니고 있는 것으로 간주하였다. 이제 우리가 20세기에 추상성으로 접근하는 데 있어 소쉬르를 그 선구자 중 한 사람으로 여길 수 있지만, 역설적이기는 해도 소쉬르는 이 용어의 사용을 주저하였으며, 조심스러운 나머지 서투른 표현들을 사용하기에 이른다. 예를 들면 "기호들은 순전히 영적인 것이긴 해도 추상물이 아니다."(엥글러, 263B) 혹은 '심리적'이라는 형용사를 랑그에 사용한다. **심리적·영적**은 그가 사용하기를 주저했던 **추상적**과 거의 같은 의미의 낱말들이다.

언어학자가 파롤을 통해서 랑그에 접근한다는 사실은 소쉬르가 그의 〈제3강의〉에서 채택한 제시 순서를 정당화하며, 이 순서는《일반 언어학 강의》의 제시 순서와는 완전히 다르다. 랑그/파롤의 대립을《일반 언어학 강의》에서 앞부분의 개념들 사이에 제시하는 것은 이 대립이 '공중에서 떠돌고 있다'라고 말할 수 있을 정도로 랑그/파롤 대립을 특히 받아들이기 어렵게 만들었다는 점이 흔히 강조되어 왔다. 이처럼 이 대립을 권두에 위치시킨 태도를 편집자들은 틀림없이 소쉬르가 어떤 대담에서 그가 이야기한 바를 직접 적용한 것으로 이해하며, 이 대담 도중에 소쉬르는 랑그와 파롤의 구별은 자신의 체계에서 '첫번째 진리'라고 규정짓는다. 그러나 이 진리에 어떻게 도달하는 것인가? 이것이 그리 명백하지 않다는 사실은 분명하다. 〈제1강의〉에서 〈제3강의〉까지 소쉬르는 구체적인 것에 대한 검토, 즉 파롤에서 출발하는 제시 방법으로 변화해 갔으며, 파롤이 지닌 뚜렷한 변이는 동일성이라는 기본 문제를 제기하게 된다. 즉 화자에게 있어서 근원적으로 서로 다른(혹은 다를 수 있는) 요소들 사이에 어떻게 동일성이 있을 수 있는가? 동일성에 대한 판단을 실현시키는 것은 무엇인가?

이 질문에 대한 대답은 동일성을 관계 현상으로 다루게 하는 가치의 개념이 정립됨으로써 얻어졌다는 것을 보았다.(4장) 동시에 이 가치의 개념은 랑그와 파롤의 구별을 위해 최상의 이론적 토대를 제공한다. 즉 물리적이거나 의미적인 차원의 정당화에 기초한 것이 아닌 동일성, 결국 차이는 의미 작용의 실재성을 유일하게 보장하는 것이다. 랑그는 무엇보다도 동일성과 차이의 판단으로 나타나는 언어 지식이다.

그러므로 강의 초기부터 랑그/파롤이 나타나도록 하는 《일반 언어학 강의》의 제시 순서는 역설적이다. 랑그/파롤 개념의 의미는 소쉬르가 〈제3강의〉에서 구상한 순서를 복원하면 더욱 분명해진다. 즉 먼저 통시적 동일성과 공시적 동일성에 대한 의문 제기, 그 다음 가치를 통해서 형식으로서의 언어에 도달하도록 하는 기호의 자의적 특성, 그런 연후에야 랑그/파롤의 대립이 나타난다.

4. 랑그, 기억에서 제약으로

언어의 기호학적 정의는 표면상으로 극복될 수 없는 두 가지 양상을 드러낸다. 즉 생산적 기능 작용으로서의 체계, 혹은 기억의 산물로서의 체계가 그것이다. 언어 이론에서 통사에 부여하는 위치에 따른 필연적인 결과 때문에 이를 살펴보기로 하자. 기억의 관점에서 랑그/파롤의 대립은 다음과 같이 표현될 수 있다.

랑그=수동성=기억
파롤=활동성=생성

실제로 랑그는 '개인이 수동적으로 저장하는 산물이다.' 랑그는 미리 준비하거나 고찰하는 것이 아닌 반면, 파롤은 '자유 의지와 지능의 개인적인 행위'이다. 그러나 기호학적 관점과 사회학적 관점이 서로 뒤얽힌 것과 마찬가지로 기억에 근거한 정의들도 다른 것들과 서로 뒤섞여 있다. 다음 문구에서의 기호학과 기억이 그러하다. 즉 랑그는 "파롤의 실제 사용을 통해서 동일한 공동체의 화자들에게 위탁된 보물이며, 각자의 두뇌 속에 잠재적으로 존재하는 문법 체계이다." **보물**과 **체계**는 이 문구에서 같은 기능을 한다. 그러나 과연 이들의 가치가 서로 같은가? 여기서 고정되고 정적인 개념만을 드러내는 **보물**과, 그 결과들에 의해서가 아니면 관찰되지 않는 구성 원리의 존재를 설정하는 체계가 함축하는 것 사이에는 분명히 모순이 있다. (바로 여기에 **잠재적으로**의 중요성이 생겨난다.)

랑그에 대한 설명에서도 내내 이와 똑같은 교차가 나타난다. 즉 **자국, 보물**과 같이 정적인 용어들이 체계의 생성 가능성을 전개시키는 대목들에서 나타난다. 마찬가지로 **사전**도 이것이 나타나는 문맥 속에서 이런 식으로 이해되어야 한다. (이 문구는 '개개인이 똑같은 사전의 사본을 갖고 있는 것으로' 기억에 근거한 정의와 사회학적 정의를 뒤섞고 있다.) 또 연합 관계와 통합 관계의 설명에서도 똑같은 교차가 존재한다.(6장 참조) 즉 연합 관계가 '잠재적인 기억 연쇄'로 규정되었어도, 이 연합 관계는 랑그의 기능 작용 이론을 제시한다. 따라서 랑그의 기능 작용에서 기억의 역할을 환기하는 일이 무언가 고정된 성격의 것을 함축하고 있다는 데 그치지 말고, 기억에 할애된 부분과 창조성에 할애된 부분의 연관성을 연구해야 할 터이다.

그러나 이 관점에서는 진정한 문제가 제기된다. 결국에는 기억에 근거한 정의는 모든 활동을 파롤에 귀속시키는 결과를 낳는다. 여기서 랑그는 저장과 복종일 뿐이며, 랑그는 분류라는 보잘것 없는 활동만을 허용할 뿐이다. ("사전 준비도 없고 심지어는 심사숙고하는 일도 없고, 파롤의 행위와 파롤의 기회를 벗어나서는 형태에 대한 고찰도 없다. 다만 무의식적이고 비생산적인 활동만이 있을 뿐이다." 원전)

이것은 개인적인 측면이 파롤에만 부여된 결과이다. 원전들이 처음에는 랑그가 개인적인 측면과 집단적인 측면을 공유하고 있다고 제시하고 있는 점을 보면, 소쉬르의 망설임을 알 수 있다.(원전) 그러나 《일반 언어학 강의》에서는 파롤에만 생성 능력, 즉 화자가 사용할 수 있는 자유가 부여되고 있다. 이와는 대조적으로 랑그에 속하는 사실들은 창조성이 전혀 없다고 한다. 즉 결국 체계는 제약이라는 것이다.

체계를 제약으로 보는 견해와 파롤에 창조성을 부여하는 일은 통사를 구축하는 데 많은 문제들을 야기한다. 실제로 만일에 문법이 모든 새로운 문장은 창조성을 일정하게 행사해서 얻어진 독창적인 결합이라는 사실을 설명해야 한다면, 통사는 제약이나 화자에게 부여된 자유의 결과 중 그 어느쪽으로도 올바르게 정의될 수 없고, 이 두 가지 측면을 공유하는 것으로 정의되어야 한다.

소쉬르의 랑그에 대한 정의에서 기억에 관한 측면들은 통사의 구축을 막는가? 기억에 관한 측면들은 통사에 있어서 중요한 이론적 문제가 없음을 보여 주고 있는가? 소쉬르의 통사가 어떤 것인지를 검토해야 할 것이다.

5. 문장의 지위: 통사에 어떤 위치를 부여할 것인가?

랑그/파롤의 대립은 서로 다른 입장의 언어학자들에게서 많은 논쟁을 불러일으켰다. 촘스키의 비판들은 통사의 위치와 관계되므로 이를 잠시 살펴보도록 하자.

촘스키는 수 차례 반복해서 소쉬르에게서 받은 영향을 인용한다. 자신이 제안한 언어 능력(compétence)/언어 수행(performance) 대립의 핵심은 소쉬르의 랑그/파롤 대립에서 따온 것이다. 핵심만 그렇다. 촘스키는 문장에 할애된 지위에 대해서는 비판을 한다. 즉 "요소들의 체계적인 목록으로 보는 '랑그'에 대한 소쉬르식의 개념을 받아들일 수 없다……(《통사론의 여러 측면》) 촘스키의 이러한 비판을 검토하기 위해서는 여러 질문을 동시에 생각해 봐야 한다. 즉 소쉬르에게 있어서 랑그가 단지 요소들의 목록에 지나지 않았다는 것이 사실인가? 랑그에 대한 소쉬르식의 견해는 모든 생성 통사론을 금지하는가?

기호에서 **낱말**(mot)밖에는 볼 수 없다는 해석을 배제하기 위하여 먼저 **요소**들에 대해서 살펴보자. 물론 **기호**는 무엇보다도 **낱말**(vocable)을 가리키는 듯하다. 그러나 '기호'가 낱말보다 더 하위 요소(형태소, 의미의 최소 단위)로 확대 적용될 수 있는 한편, 낱말보다 더 상위 요소에까지 확대할 수 있다는 데는 분명 반박의 여지가 없다. "우리는 고립된 기호가 아닌 기호군, 자체가 기호인 조직체를 기호라고 말하는 바이다." 또한 '**낱말**'과 '**항**(terme)' 사이에서의 망설임에도 주목해야 할 것이다. 원전의 한 주에 이 두 용어에 대한 설명이 나온다. 즉 "'낱말'

대신 '항'이라고 할 때에는 체계의 개념이 언급되는 것이다."
(원전. 여기서는 '항'의 형태적 의미를 생각해야 한다.)

요소들의 목록이라는 표현도 문제가 된다. 우리는 4장에서 요소의 개념이 아직 확립되지 않은 것임을 보았다. 따라서 요소들은 목록의 대상이 될 수 없다. 그러므로 글자 그대로 해석한 촘스키의 비판은 논의의 여지가 있고 부적절하다.

그래도 **통합체**(syntagme : 소쉬르가 사용한 이 용어에 현대적 의미를 부여할 수 없다는 것을 6장에서 보게 될 것이다)와 **문장**(phrase)의 지위가 소쉬르에게 아주 미묘한 문제였다는 사실은 이론의 여지가 없다. 원전이 매번 문장이 문제가 될 때마다 난색을 표현하고 있다는 것만을 언급해 두기로 하자. 즉 "먼저 문장은 어느 정도까지 랑그에 속하는가? 만일 문장이 파롤에 속한다면, 언어 단위로 간주될 수는 없을 것이다." 소쉬르는 먼저 의문문 형태로, 그 다음 가정문 형태로 표현하고 있다. 그리고 뒤에 가서는 대립을 담은 단언문 형태로 표현한다. 즉 "문장은 전형적인 통합체의 유형이다. 그러나 문장은 랑그가 아닌 파롤에 속한다." 《일반 언어학 강의》는 망설임이 없는 것은 아니지만, 문장을 파롤편에 위치시킴으로써 문제를 해결한다.

그러나 다시 한 번 원전들은 랑그의 기능 작용과 창조성간의 관계에 대해서 보다 더 모호한 생각을 드러낸다. 즉 "결국 랑그에 의해 고정된 것과 개인의 자유로 남겨진 것 사이에 유동성이 나타나는 곳은 **통사**뿐이다."(원전)

소쉬르가 통사를 최대한 활용하지 못한 것은 분명하다. 그래도 분명히 입장을 표명하기에 앞서, 《일반 언어학 강의》의 여러 대목에서 랑그의 기능 작용과 창조성간의 연관성에 대한 소쉬르의 판단이 미묘하게 표현될 수 있음을 보여 주고 있다.

—— 이미 존재하는 형태들을 모델로 삼아서 형성된 'indéco-rable(장식할 수 없는)' 같은 낱말의 생성은 랑그에서 '규칙적인 형태들'의 역할을 잘 보여 준다.

파롤에서 'indécorable(장식할 수 없는)' 같은 낱말이 등장하면, 이는 정해진 한 유형을 전제하며, 이 유형은 랑그에 속해 있는 상당수의 유사한 낱말들을 기억함으로써 가능하다. ('impar-donnable(용서할 수 없는)' 'intolérable(참을 수 없는)' 'infatigable(지칠 줄 모르는)' 등.) 규칙적인 원형들을 토대로 만들어진 문장들과 낱말군들도 마찬가지이다. 'La terre tourne(지구는 돈다)' 'Que vous dit-il?(그가 당신에게 뭐라고 합니까?)' 등과 같은 결합들은 일반적인 유형들에 부응하며, 이 유형들은 랑그에서 구체적인 기억의 형태로 뒷받침되고 있다.

그러나 통합의 영역에서는 집단적 사용의 표지인 랑그의 사실과 개인의 자유에 속하는 파롤의 사실간에 뚜렷한 경계가 존재하지 않는 것을 인정해야 한다.

물론 이와 같은 낱말이나 문장의 형성이 우선 파롤에서 나타나지만, 이는 정해진 도식을 따를 때에만 그러하다. 그리고 창조성의 위치 문제를 염려한 나머지 기억에 대한 제반 문제들이 강조되지 않았음을 알 수 있다.

—— 어떤 낱말이든 그 낱말의 사용은 연합 관계와 통합 관계를 동시에 이용한다. 일련의 제외를 전제하는 'marchons'과 같은 낱말의 사용('chantons(노래하자)'도 아니고, 'marchez(걸

으시오)'도 아니다)은 그 근원에 분포적 유형의 통사를 포함하고 있다. 즉 "관념은 하나의 형태가 아닌 잠재되어 있는 체계 전반을 부르는 것이며, 이 체계 덕분에 기호의 구성에 필요한 대립들을 얻게 된다." 그리고 바로 뒤이어서 "이 원칙은 모든 유형의 통합체와 문장, 심지어는 가장 복잡한 것에도 적용된다"라고 정확하게 언급하고 있어서, **기호**와 **문장** 사이에 배제도 경계도 없음을 알 수 있다.

—— 문법에 포함되는 품사 분석에서 소쉬르는 통사와 어휘(하물며 형태법도)의 구분은 자연스러운 일이 아니며, 이같은 구분은 문법에 꼭 필요한 것이 아님을 보여 주고 있다. 즉 "단순 단위가 아니면서 더 나뉠 수 있는 낱말은 근본적으로 통사의 사실인 문장 성분과 구분되지 않는다. 즉 낱말을 이루는 하위 단위들의 구성은 낱말군들의 형성과 동일한 기본 원칙들을 따른다."

—— "유추는 문법에 속한다. 즉 유추는 형태들의 결합 관계에 대한 인식과 이해를 전제한다"는 생각이다. 생성 자체는 파롤에서 처음 일어난다. 그러나 생성에 앞서 "기본 형태들이 통합 관계와 연합 관계에 따라 배열되어 있는 랑그라는 보물에 위탁된 재료들의 무의식적인 비교"가 이루어져야 한다. 여기서도 서로 모순되는 구절이 있다. 즉 한편으로 **보물**과 **배열하다**(기억). 다른 한편으로는 **기본 형태들**과 관계들의 무의식적 기능 작용에 대한 암시(창조성)……. 조금 뒤에서는 이미 존재하는 형태들이 유지될 수 있는 것은 이 형태들이 끊임없이 유추를 통해서 다시 만들어지기 때문이라는 견해가 나타난다. 즉 공시적인 기능 작용과 생성이 같은 구성 원리에 속한다는 말이다.

소쉬르식의 생성 통사론에 길을 열어 주는 이 네 가지 사항들은 더 완전하게 연구되어야 할 가치가 있으며, 우리는 6장에서 이 부분을 다룰 것이다.

따라서 소쉬르는 촘스키가 다음과 같이 명시적으로 표현하는 것과 그리 다르지 않다. 즉 촘스키는 '규칙들을 변화시키는 창조성'(온갖 유형의 잘못, 오류, 문법 밖에서의 생성)에 '규칙들의 지배를 받는 창조성'(문법이 제공하는 도식 내에서 새로운 형태의 생성——문장의 생성)을 대립시킨다. 이러한 구분은 랑그에서 자유와 제약 사이의 분명한 모순을 해결해 준다. 왜냐하면 문장은 제약 원칙들을 따르는 창조성으로 간주될 수 있기 때문이다.

따라서 소쉬르에게서 통사론은 가능하다. 단 랑그의 나머지처럼 통사론을 생각한다는 조건에서이다. 즉 "모두가 만장일치로 일컫는 '문법의 사실'은 마지막 분석에서 단위의 정의와 일치한다. '문법의 사실'은 항상 항들의 대립을 표현하기 때문이다." 이는 모든 것은 랑그 속에 있다는 점을, '개별어의 정상적이고 규칙적인 삶'은 바로 공시태의 랑그라는 점을 환기시키는 바이다. 모든 것은 이 공시태의 랑그에서 동일성과 차이라는 작용에 의해 분석되는 것이다.

【참고 문헌】

《일반 언어학 강의》

서문 2장, 3장, 4장, 그리고 5장.
제2부.

Noam Chomsky, *Current issues in linguistic theory*, Mouton, 1964.

Noam Chomsky, *Aspects de la théorie syntaxique*, Seuil, trad. franç., 1971.

Oswald Ducrot et Tzvetan Todorov, *Dictionnaire encyclopédique des sciences du langage*, art. 'Langue et parole,' Seuil, 'Points,' 1972.

Claudine Normand, Langue/parole : constitution et enjeu d'une opposition, *Langages*, 49, 1978.

M. -J. Reichler-Beguelin, Conscience du locuteur et savoir du linguiste, in *Sprachtheorie und Theorie der Sprachwissenschaft*, Hgg. R. Liver, I. Werlen und P. Wunderli, Tübingen, Gunter Narr Verlag, pp.208-220, 1990.

Denis Slakta, Esquisse d'une théorie lexico-sémantique : pour une analyse d'un texte politique, *Langages*, 23, 1971.

6

구성 원리

《일반 언어학 강의》 발췌문, 제2부, 8장, pp.189-191.

문법에서 추상적 개체들의 역할

앞에서 언급한 서로 다른 두 가지 관점에서 문법에 관한 제반 문제를 검토해야 하는 필요성을 보여 주면서 이제까지 다루어지지 않은 중요한 주제가 있다. 문법에서의 추상적 개체들이 그것이다. 먼저 연합의 측면에서 살펴보도록 하자.

두 개의 형태를 연합시키는 일은 이 두 형태가 공통된 무엇인가를 제시하고 있다고 느끼는 것뿐만이 아니라, 이 연합을 지배하고 있는 관계들의 속성을 구별하는 것이기도 하다. 화자들은 'enseigner(가르치다)'와 'enseignement(교육)' 혹은 'juger(판단하다)'와 'jugement(판단)'을 연합시키는 관계가 'enseignement'과 'jugement' 간에 확인되는 관계와 같지 않음을 알고 있다. 그렇기 때문에 연합 체계는 문법 체계와 결부된다. 역사를 고려하지 않고 언어(랑그)의 한 상태를 연구하는 문법학자가 행한 의식적이고 방법론적인 분류들의 합은 의식적이든 무의식적이든 파롤에서 행해진 연합들의 합과 일치해야 한다고 말할 수 있다. 바로 이 연합들이 우리의 의식 속에 낱말군, 굴절 계열체, 형성 요소들, 즉 어근, 접미사, 어미 등을 새겨 놓는 것이다.

그러나 연합은 재료가 되는 요소들만을 끌어내는 것인가? 그렇지 않다. 우리는 이미 연합이 의미로만 연결된 낱말들을 하나로 묶을 수 있다는 사실을 알고 있다. (예를 들어 'enseigne-ment(〔학업 의미로의〕교육)' 'apprentissage(학습)' 'éducation(〔인격 형성을 위한〕교육)' 등.) 문법에서도 이와 마찬가지일 것이다. 라틴어에서 세 가지 속격 'domin-ī, rēg-is, ros-ārum'을 예로 들어 보자. 이 세 어미들의 음은 연합의 대상이 되는 유추와 전혀 관계가 없다. 그러나 이 음들은 이들이 모두 공통의 가치를 갖는다는 느낌에 의해 한데 묶일 수 있으며, 바로 그 느낌이 이 음들이 모두 같은 용법임을 시사하는 것이다. 그 어떤 재료의 뒷받침 없이도 연합을 만들어 내는 데는 이것으로 충분하며, 이렇게 해서 속격의 개념은 그 자체로 랑그에서 자리를 잡게 된다. 굴절 어미 -us -ī, ō(dominus, dominī, dominō 등에서) 등이 의식 속에서 서로 연결되어 있고, 격과 격 어미라는 더 일반적인 개념들을 끄집어 낼 수 있는 것도 이와 아주 유사한 방법을 통해서이다. 같은 부류의 연합들이, 그러나 보다 넓게 모든 실사를 연관시키며 모든 형용사를 연관시키며 등등, 그리고 품사라는 개념을 정착시킨다.

이 모든 것들이 랑그에 존재한다. 그러나 **추상적 개체로** 존재한다. 화자들의 의식이 항상 문법학자의 분석을 따라가는지 정확히 알 수 없기 때문에 이 추상적 개체들을 연구하기란 쉽지 않다. 그러나 본질적인 것은 **추상적인 개체들은 항상 마지**

막 분석에서 구체적인 개체들에 근거한다는 점이다. 기반이 되는 일련의 재료 요소들 없이는 문법적인 추상화는 불가능하며, 결국에는 항상 이 요소들에 귀착해야 한다.

이제 통합적 관점에서 살펴보자. 한 어군의 가치는 종종 그 요소들의 순서와 관련을 맺고 있다. 통합체를 분석하면서 화자는 통합체의 요소들을 식별하는 데 그치는 것이 아니다. 즉 화자는 그 요소들이 서로 어떤 순서에 의해 위치하고 있음을 확인하는 것이다. 프랑스어 'désir-eux(바라는)'이나 라틴어 'signi-fer'의 의미는 각 하위 단위들의 위치에 따라 결정된다. 즉 'eux-désir'나 'fer-signum'이라고는 할 수 없다. 심지어 가치는 구체적인 요소(-eux나 -fer처럼)와는 아무런 관련이 없을 수 있고, 오로지 항들의 순서에서 생겨날 수 있다. 예를 들어 프랑스에서 'je dois'와 'dois-je?'라는 두 개의 군이 서로 다른 의미를 갖는다면, 이는 오로지 어순에 기인하는 것이다.

우리는 이제 막 언어(랑그)가 실질이 아니라 형식임을 밝혀냈고, 항들의 정의는 오로지 랑그의 고유한 질서에 속하는 것임을, 따라서 항들의 정의는 순전한 가치 체계에서 항들간에 맺는 동일성과 차이의 관계에 속하는 것임을 밝혀냈다. 따라서 언어학은 기호들간에 관계를 맺는 것이다. ("모든 현상은 관계들끼리의 관계들이다." 엥글러, 1968. 모든 학생들의 공책에 나타난 문장이다.) 이제는 랑그의 구성 원리를 기술하는 일만이 남아 있다. 요소들이 체계 내에서 동시에 담화에서 발화 연쇄의 선형성을 통해서 표출될 때, 요소들간에 맺고 있는 관계들의 성격을 살펴보면서 말이다.

1. 구체적 단위의 모순

우리는 특히 소쉬르가 언어학을 이루는 단위는 명백한 자료가 되지 못함을 집요하게 보여 주고자 함으로써 당시의 언어학에 반대하였음을 이미 살펴보았다. "놀라운 것은 언어(랑그)가 애초에 구체적인 것으로 포착할 수 있는 단위들을 제시하지 못한다는 점이다. 그래도 우리는 무엇보다도 이 단위들이 존재해야 한다는 생각을 버리지 못한다."(엥글러, 1753E) 랑그가 화자에게 기능한다고 굳게 믿어야만 언어학자는 언어학에 대한 결정적인 질문, 즉 화자들이 단위들에 대해 가지고 있는 지식은 어디서 오는 것인가? 이 지식은 어떤 기능 작용에 근거를 두고 있는 것인가? 등을 스스로에게 던지지 않을 수 없는 것이다.

소쉬르의 방식은 직접적인 실재를 거론하는 데 있다. 즉 "구체적 단위들, 혹은 랑그의 단위들을 곧바로 파악할 수 없어서 우리는 낱말들을 이용한다. 낱말들은 언어 단위의 정의에 정확히 일치하지는 않지만, 적어도 언어 단위가 무엇인지에 대한 대략의 생각을 제공하며, 이 생각은 구체적이라는 이점을 갖고 있다." 여기서 낱말을 나누는 정의(낱말을 시니피앙과 시니피에가 결합되어 있는 발화 연쇄의 한 부분으로 만들기)가 충분치 못함을 간과하게 된다. 'cheval(말)'과 'chevaux(말들),' 다른 한편으로 연음이 되지 않는 'dans(안에)'과 연음이 되는 'dans

(안에)'는 이 정의에 따르면, 두 개의 서로 다른 낱말들이 되겠지만 화자들에게는 한 낱말에 불과하다.

따라서 구체적 단위란 시니피앙에서의 단순한 경계 획정을 넘어서, 동일성 판단의 결과처럼 어떤 단계에서도 화자에게 의미가 명백히 드러나는 것을 말한다. 'cheval'과 'chevaux'에서 그 재료의 표현을 별로 중요하지 않은 것으로 여겨야만 비로소 이들이 한 낱말임을 알게 된다. 즉 랑그는 실질이 아니라 형식이기 때문에 객관적으로 서로 다른 분절이 같은 단위를 표현할 수 있는 것이다.

단위들을 어떻게 설정할 것인가? '연쇄를 가위로 자르기'보다는 체계의 잠재성에서 그리고 동시에 선적 실현에서의 결합 작용, 즉 낱말을 확고히 해주는 복합적인 구성 원리를 상정해야 할 터이다. 이해를 돕는 데 필요한 것은 전부 연쇄의 선형성에 나타나 있으므로, 이 구성 원리의 기능을 체계 안에서 작용하는 것이 모두 선상에 투영된 바로 간주할 수 있다. 따라서 잠재적인 체계와 연쇄로 실현될 수 있는 잠재성은 구별해야 할 터이며(그리고 이것은 그대로 랑그 층위에 있다), 랑그의 단계에 속하는 이 잠재성은 파롤의 차원에 속하는 실제적인 실현과 혼동되어서는 안 될 것이다.

이처럼 유일하게 관찰될 수 있는 파롤과 언어 고찰의 대상인 랑그 사이에는 두 영역이 이끄는 구성 원리가 밀도 있게 기능한다. 두 영역이란 바로 통합 영역(선형성의 차원)과 연합 영역(체계의 차원)이다.

2. 담화 연쇄와 성운

"언어항들간의 관계와 차이는 두 개의 서로 다른 영역에서
전개되며, 각 영역은 특정한 가치들을 생성한다."

첫번째 유형의 관계: 요소들은 선형적 연쇄에서 인접 관계
를 맺고 있다. 한 단위는 아무 단위하고나 결합할 수 있는 것
이 아니다. (예를 들어 형용사는 명사와 결합할 수 있지만, 동사
와는 결합할 수 없다.) 게다가 어순도 무관하지 않다. 이처럼
어순이 특히 중요한 역할을 하는 언어인 프랑스어에서 'Pierre
aime Marie(피에르가 마리를 사랑한다)'와 'Marie aime Pierre
(마리가 피에르를 사랑한다)'는 의미가 같지 않다. 이 선형적인
관계들을 소쉬르는 **통합 관계**라 부른다.

《일반 언어학 강의》에서 통합이라는 용어는 20세기 언어학
이 차후에 채택하게 될 용도와는 달리 분석 가능한 모든 언어
연쇄, 즉 복합 낱말에서 문장에 이르기까지 모두 적용된다. 어
떤 경우에든지 통합적 구성은 요소들간에 결속을 드러낸다. 즉
더 큰 단위들은 더 작은 단위들과 상호 결속 관계로 이루어져
있다. 드물게 독립된 단위들의 경우도 있지만, 우리가 기호군
을 살펴보고 있기 때문에, 이 경우가 위의 원칙에 대한 심각한
논거가 되지는 못한다. 즉 "랑그에서는 결국 모든 것이 차이로
귀착된다. 그러나 **모든 것이 또한 어군 형성에 귀착된다**." (이는
필자가 강조한 것이다.) 따라서 통합적 구성은 결정적이다.

바로 이 결속이라는 원칙이 문장에까지 유효하므로, 문장의
지위 문제는 여기서 다시 제기된다. 실제로 우리는 문장이 파

롤에서 이루어지는 것임을 보았다.(5장) 그러나 통합은(통합적 결합의 가능성) 의심의 여지없이 랑그에 속한다. '완전히 만들어진 관용구'('allons donc(가자)' 'forcer la main à quelqu'un ……('누군가의 행동을 구속하다……)' 처럼)가 존재하기 때문이기도 하지만, 특히 'indécorable(장식할 수 없는)' 처럼 '규칙적인 형태를 토대로 형성된 모든 유형의 통합체들' 때문에 그러하다. 'indécorable' 에 대해 제안된 분석은 '규칙적인 모델을 토대로 만들어진 문장과 낱말군' 에까지 바로 확대될 수 있기 때문에, 표면적으로 모순된 두 가지 명제를 함께 고려해야 할 것이다.

── 문장은 파롤에 속한다.
── 통합과 통합의 특수한 경우인 문장은 체계의 분석 가능성, 즉 랑그의 영역에 속한다.

《일반 언어학 강의》는 이 문제를 명백하게 해결하지 못하고 있지만, 텍스트에 모순되지 않는 한 가지 해석을 제안해 볼 수 있다. 우리는 주어진 두 문장('La terre tourne(지구가 돈다)' 와 'Que vous dit-il?(그가 당신에게 뭐라 합니까?)' 는 나름대로 고정된 문장들이다)들을 통해서, 소쉬르의 어려움은 랑그와 파롤에 부여된 제약과 자유라는 부분에 있다고 상정할 수 있다. 그러나 문장은 제약(문장은 랑그의 규칙들을 따른다)인 동시에 창조성(낱말 구성보다는 문장 구성이 더 자유롭다)이다. 이 두 가지 측면을 결합시킬 수 있는 유일한 해석은 랑그 내부에 추상화의 매개 층위, 즉 파롤에서 실현될 연쇄들의 잠재성 층위를 상정하는 것이다. 이는 문장 내에서 랑그에 속하는 것('우리가 머릿속에 갖고 있는 일반적 유형.' 엥글러, 2079B)과 파롤에 속하는 것(실행)의 구별을 전제하는 일이다.

소쉬르는 이 첫번째 유형의 관계에서 그치지 않는다. 담화의 연쇄를 벗어나 연합이 만들어지고, 이 연합에서 어느 한 낱말은 이 낱말과 다양한 유형의 관계를 맺고 있는 다른 낱말들을 상기시킨다. ("이 낱말은 무의식중에 **어떤** 측면에서든 이 낱말과 공통된 무언가를 가지고 있는 많은 수의 낱말들을 생각나게 한다. 이는 성격이 아주 다른 측면들에 의한 것일 수도 있다." 엥글러, 2026E) 이처럼 낱말 'enseignement(교육)'은 'enseigner(가르치다)' 'renseigner(알리다)' 'apprentissage(학습)' 'armement(무장)'······을 상기시킬 것이다. 소쉬르는 일정한 순서도 없고, 결코 한 연쇄에서 같이 나타날 수 없기 때문에 소위 부재중이라고 부르는 이 모든 관계들을 **연합 관계**라고 일컫는다.

연합 관계는 기억 사실들로 제시된다. 이 연합 관계는 '두뇌 속에 자리잡고' 있으며, '잠재적인 기억 연쇄'를 이루고 있다. 이 연합 관계는 '개인적인 보물'의 일부를 이루고 있으며, 그 추상적(소쉬르의 용어에 따르면 '정신적' 혹은 '잠재적') 성격은 온갖 방식으로 표현될 수 있다.

화자는 이 연합을 행할 수 있는 능력과 동시에 이 연합의 구성 원리를 파악할 수 있는 능력을 갖추고 있다. 즉 화자는 구축된 관계의 성격이 어떠하든 이를 '분석한다.' (어느 정도의 의식을 가지고?) 낱말 '교육'에 연합될 수 있는 어휘들은 이 낱말 주위에 망의 형태로 제시되고 있다.

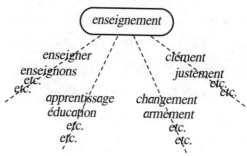

화자는 각 분선이 만들어 놓은 관계의 유형을 혼동하지 않는다. 1) 어근의 층위에서 세워진 관계. 2) 낱말들의 시니피에간의 관계. 3) 유사한 형성 방식과 접미사(동사 어근을 중심으로). 4) 문법적인 연관성을 갖지 않은 순수한 시니피앙(운율)의 관계. 연합의 계열들이 이것들로 한정될 이유도 없다. 따라서 '연합의 군은 그 수가 무한하다.' (엥글러, 2033C)

그림에서 네번째 분선에 대해서는 설명이 필요하다. 이 계열을 추가한 것은 편집자들이지만, 소쉬르가 강의에서 독일어 'durchbläuen' (이 예는 《일반 언어학 강의》에서는 주에 나타난다)로 유사한 예를 제시했었기 때문에 부당한 일은 아니다. 즉 '구타하다'를 의미하는 'durchbläuen'은 어원과는 상관 없이 구타로 인해 생기는 멍 때문에 'blau'와 연결되어 있다. 우리는 이같은 연합이 주는 이점과 한 언어 이론이 이같은 점을 고려함으로써 갖는 중요성을 7장에서 살펴보기로 하겠다. 그러나 이같은 계열은 문법에는 적용할 수 없다. 따라서 후에 소쉬르가 화자들이 이에 대해 갖는 의식을 토대로 해서 연합 체계와 문법 체계의 관계를 연구할 때, 그리고 "문법학자가 행한 의식적이고 방법론적인 분류들의 합은 (…) 의식적이든 무의식적이든 파롤에서 행해진 연합들의 합과 일치해야 한다"라고 주장할 때, 추론은 오로지 'enseignement(교육)'과 'enseigner(가르치다)' 사이에, 그리고 다른 한편으로는 'enseignement(교육)'과 'jugement(판단)' 사이의 관계에 근거할 뿐이다. 분선 2와 분선 4는 더 이상 문제될 수 없다. 이렇게 해서 시니피에의 연합과 시니피앙의 연합이 사라지게 된다. 즉 이 둘은 언어학적 기술을 넘어서는 것이다.

따라서 한 어휘는 성운의 중심, 즉 '떠다니는' 어휘들이 이 어휘를 중심으로 모이는 지점을 이루게 된다. 즉 랑그는 일종의 '의미를 갖게 될 재료 전반에 걸쳐 펼쳐진 망'이라고 할 수 있다.(《일반 언어학 강의》17, 주 15. 9)

연합의 개념은 후에 소쉬르의 구조주의 계승자들이 '계열체(paradigme)'의 개념에서 다시 사용하게 된다. 그러나 계열체는 연합보다 그 의미가 좁다. (예를 들어 분포주의자들의 '계열 부류'가 보여 주듯이.) 계열 관계에 있는 요소들은 문법적인 역할이 같은 요소들이기 때문에, 계열 관계에는 넓은 의미의 연합과 이 연합이 제공하는 다양한 관계들은 없다.

물론 이 두 축은 서로 대립할 수 있지만, 중요한 점은 이들을 따로따로 간주해서는 안 된다는 사실이다. 즉 이 두 축은 서로를 조건지으며, 연쇄는 이 두 축간의 상호 작용의 산물인 것이다.

언어 단위가 이중적으로 존재한다는 사실(연합의 영역과 통합의 영역에 따라)은 구체적 단위에 대한 정의의 논리적 난점으로 간주될 수 있었던 것, 즉 한 요소이면서 이중 형태로 제시될 수 있는 점(두 개의 형태 [dɑ̄]과 [dɑ̄z]를 갖는 'dans(안에)'

처럼)을 재검토하게 한다. 통합적 관점을 따르느냐, 혹은 연합적 관점을 따르느냐에 따라서 요소를 보는 방식이 일치하지 않을 수 있다.

3. 언어의 구성 원리

발화 연쇄가 만들어질 때 어떻게 통합 영역과 연합 영역이 상보적으로 작용하는지를 보여 주는 일이 남아 있다. 이는 항구적인 의미와 형태를 지닌 요소들과 의미와 형태가 변하는 요소들을 동시에 갖고 있는 연쇄들을 비교함으로써 이루어질 것이다. 일련의 연쇄들을 직관적으로 비교하는 이러한 구성 원리가 화자들이 표현하는 단위에 대한 의식을 인지하게 한다. 즉 "통합체는 연합의 군이 나타낼 수 있는 차이와 대립을 모두 알고 있어야만 만들어질 수 있는 것이다."(엥글러, 2063E)

통합체 'dé-faire'의 예를 들어 보자. 이것은 두 개의 연합적 부류에 근거를 두고 있다. 첫번째 연합적 부류는 접두사 dé를 분리시키는 것이다. 따라서 이 부류에는 'dé-coller, dé-placer' 같은 형태들은 포함되지만, 'désirer'는 존재하지 않는 어근을 만들게 되므로 포함되지 않는다. 두번째 연합적 부류는 'faire, re-faire, par-faire' 그리고 'contre-faire'에 입각해서 어근 '-faire'를 분리시키는 것이다. 그러므로 통합적 관계를 만들어 내는 것은 바로 연합의 가능성이다. 다시 말해서 연합이 존재하기 때문에 통합이 존재하는 것이다. ("통합체 'défaire' 주위에 다른 형태들이 떠다니기 때문에" 이 통합체는 하위 단위들로 분해될 수 있는 것이다.) 만일 'décoller' 부류와 'refaire' 부류가 언어에서 사라진다면, 결국 'défaire'는 더 이상 'dé-faire'로 분석될 수 없을 터이다.

이와 같이 소쉬르는 언어에서 의미가 이루어지는 방식에 대해 한 가지 견해를 제안한다. 어떤 형태를 선정하는 것은 그 형태의 의미 때문이 아니며, 시차적(示差的) 기반을 지닌 복잡한 절차에 의해서이다. 즉 "관념은 형태를 요구하는 것이 아니라 '잠재된 체계' 전반을 요구하며, 이 체계 덕분에 기호를 구성하는 데 '필요한 대립'을 얻는다." (' ' 안의 표현은 필자가 강조한 것이다.) 기호 혹은 기호로 구성된 통합체는 여러 개의 연합적 부류가 교차하는 지점에 있다. 이 원칙은 단순 낱말이든 아니든 낱말(따라서 전통적으로 어휘부나 형태부에 속한다)과 통사 영역에 속하는 문장에 모두 적용된다. 다시 말해 "이 원칙은 통합체, 그리고 가장 복잡한 유형의 문장에 이르기까지 모든 유형의 문장에 적용된다."

언어 체계는 이 통합 관계와 연합 관계의 작용으로 이해될 수 있으며, 이는 진정한 의미의 함축적 문법을 이루고 있음을 뜻한다. 이같은 지적은 문법 방법에 있어서 다음의 두 가지 결과를 내포한다.

—— 화자가 문법적인 지식을 가지고 있다는 사실을 알게 된다. 따라서 화자는 언어(엄밀하게 공시적인)를 사용할 때, 즉흥적으로 행하는 '주관적 분석'과 이 분석에 언어의 역사에 관한 지식을 덤으로 사용하는 문법학자의 '객관적 분석'을 연관시킬 수 있다. 객관적 분석은 주관적 분석을 해설하는 것에 지나지 않으므로 대부분의 경우 이 두 분석은 일치한다. 그러나 이 두

분석이 다를 수 있다. 공시적으로는 'enfant(어린이)'에서 라틴어 요소 'in-fans(말하지 않는)'를 찾을 수 없으며, 'enceinte(임신한)'에서 라틴어 요소 'in-cincta(혁대 없는)'를 알아낼 수 없다. 주관적 분석만이 '직접 언어 사실들에 근거하며' 그렇기 때문에 공시적 연구에서 주관적 분석이 우선하는 것이다.

—— 공시적 사실들은 전부 기본적으로 같은 성격이며, 어휘와 문법은 공시적으로 분명하게 구별되지 않는다. 즉 "통합 관계와 연합 관계의 구분만이 자체적으로 분류 양식을 시사하며, 이것만이 문법 체계의 토대가 될 수 있다."

이처럼 두 유형의 관계가 동시에 실행되는 것으로 이해된 언어의 구성 원리는 단위에 대한 문제를 다시 생각하게 한다. 특히 일련의 구체적 낱말로의 단순한 절단에 만족하지 않을 경우, 단위를 정의하는 데 있어 다시 어려움을 생각하게 한다. 체계 전체를 파악하는 일만이 낱말에서(예를 들어 'mois(월)') 한 결합(예를 들어 어휘 단위 'mois'와 단수 혹은 복수의 표지)을 분석하게 한다. 따라서 'cheval'과 'chevaux'가 한 낱말을 이룬다고 말하는 것은 'cheval=CHEVAL+단수' 그리고 'chevaux=CHEVAL+복수'의 분석을 전제한다. 그러므로 이는 곧 추상화시키는 일이다. 즉 'cheval'과 'chevaux'간에 공통된 점이 무엇인지 자문하면서 추상화시키는 것이다. 따라서 이것은 더 이상 구체적인 단위가 아니다."(엥글러, 1730D)

이 추상화 작업은 가능한 연합 모두의 결과물이 연쇄에서 선형적 방식으로 나타나지 않는다는 사실 때문에 필수적인 작업이 되었다. 즉 "낱말은 자신과 유사한 낱말들에 둘러싸여 있기 때문에 낱말의 의미는 고정되어 있는 것이다. 이 유사한 낱말들은 낱말보다 하위에 있는 일련의 새로운 단위들을 제공함으로써 그 부분적인 의미를 알려 준다."(엥글러, 2081B)

4. 낱말 하위에 살아 있는 단위들

구체적 단위로의 절단이 지니는 난점 가운데 하나는 단순한 분할이 가치를 식별하는 데 충분치 못한 경우가 있다는 점이다. 프랑스어의 'plaire/plu' 쌍과 영어의 'take/took' 쌍을 예로 들 수 있다.

'plaire/plu'(원전에는 나타난 예이지만 《일반 언어학 강의》에서는 이 예를 다시 인용하지 않았다)에서 이 두 형태가 갖는 연관성을 확인시켜 주기 위해 분할 가능한 시니피앙은 사실상 없다. ('chanter/chanté'에서처럼.) 따라서 이 쌍은 체계의 나머지에 준해서 분석될 수 있다. 즉 소쉬르는 재료가 되는 분절체에서 읽을 수 있는 '통합적 연대성'에 '연합적 연대성'을 대립시킨다.(엥글러, 2105B) 즉 'plaire'와 'plu'는 '연합적 제한'에 의해 관계를 맺고 있는 것이다. 여기서 구성 원리가 이루어질 수 있는 것은 대립들의 상관성 덕분이다. ('plaire(…의 마음에 들다)' / 'plu(과거 분사형)'는 'chanter(노래하다)' / 'chanté(과거 분사형)'와 상관 관계가 있다.)

소쉬르는 분절체의 동일성이 가치의 동일성을 확립시키기 위해서 필수적이 아님을 보이려고 라틴어의 속격을 예로 든다. domin-i, reg-is, 그리고 ros-arum의 세 속격은 그 형태에 있어서 이들이 서로 유사하다고 보여 주는 바(보여 줄 수 있는 것)

는 아무것도 없다. 그러나 이 형태들은 "동일한 용법임을 시사하는 공통의 가치라는 느낌에 따라 서로 관련되어 있다. 즉 재료의 뒷받침이 전혀 없어도 **연합을 만드는 데 이것이면 충분하다.**" (" "안의 표현은 필자가 강조하는 것이다.) 이렇게 해서, 즉 재료의 유사성을 넘어 화자의 의식 속에서 계열간의 비교를 통해 문법적인 개념들이 만들어진다.

이와 같은 분석은 다음의 두 가지 결과를 가져온다.

── 문법에서 전통적으로 보충법(supplétion)이라 부르는 조건에서 동일한 가치는 서로 다른 재료로 표현될 수 있다. (프랑스어에서 'aller(가다)'를 볼 것. 화자는 'vont(aller의 3인칭 복수 현재형)' 'ira(aller의 3인칭 단수 미래형)' 'allons(aller의 1인칭 복수 현재형)'에서 aller를 알아본다.)

── 선형적으로 분할될 수 없는 하나의 분절체라도 하나 이상의 가치를 표현할 수 있다. 예를 들어 영어의 'men'에서 복수를 표현하는 것이 'e'라고 이야기함은 적절치 못할 일이다. 즉 분할이 불가능한 'men'은 영어에서 여타 복수들과의 상관 관계를 통해서 'man+복수'로 이해되어야 한다.

교체와 관계되는 현상들은 모두 연합에 의한 해석을 전제한다. 교체는 문법적으로 규칙적인 변형이 부여되는 음성적인 현상이다. (독일어에서 'geben/gibt' 'helfen/hilft' 'nehmen/nimmt ……' 혹은 'beissen/biss' 'reiten/ritt……' 계열들처럼) 모음 교체는 '규칙적이므로 랑그의 단위를 훼손하지 않는다.' (엥글러 2408D) 즉 화자는 규칙을 사용해서 이 형태들을 단위에 귀결시키므로 이 형태들을 불규칙으로 지각하지 않는다. 화자에게 대립은 의미가 있는 것으로 보이기 때문이다.

한 낱말이 유발할 수 있는 모든 대립이 낱말 연쇄에 반드시 나타나는 바가 아님을 인정하면, 여러 계열이 교차하는 지점으로 이 낱말을 분석할 수 있다. 그래서 라틴어의 동사 형태 'legimus'(원전의 예)'에서 어근 'legere'(왜냐하면 형태가 'habemus'가 아니기 때문에), 현재('legebamus'가 아니기 때문에), 직설법('legamus'가 아니기 때문에), 능동('legamur'가 아니기 때문에), 일인칭('legitis'가 아니기 때문에), 복수('lego'가 아니기 때문에)를 보게 된다. 이 단위들 각각에 실제적인 분절체를 부여할 수는 없다. 그러나 이 단위들이 비록 실제적으로 존재하지는 않지만, 이 단위들이 없으면 'legimus'에 대한 분석이 달라지기 때문에 이 단위들은 존재하는 것이다. 그렇지만 이 단위들의 존재 양식은 실제적이지 않고 잠재적이다.

그렇다면 이렇게 끌어낸 단위들은 문법학자에게는 물론 화자들의 의식 속에도 정말 존재하는가? 이 단위들은 소쉬르가 '낱말 하위에 살아 있는 단위들'에 대해 이야기할 수 있을 만큼 체계를 통해서 충분한 실재를 얻게 된다.(엥글러, 2780B) 즉 단위들이 화자들에게 의미가 있는 것으로 느껴지기 때문에 살아 있는 것이다.

또한 한 낱말의 문법적 범주는 연합 계열에 의해서 구축된다. 즉 "'enseignement(교육)'이 명사로서 여타 명사들과 연관을 갖는다는 사실에서 연합 계열을 찾을 수 있다. 참고."(엥글러, 2028E) 따라서 연합은 문법적인 것에 접근하도록 한다.

5. 상대적 유연성

우리는 3장에서 소쉬르가 상대적 자의성을 체계에 의한 근원적 자의성의 '제한' 혹은 '감소'로 간주함을 보았다.

소쉬르는 단순 기호들만을 갖는 한 언어(가령 통사법이 없는 순전한 기호적 구성체)의 예를 가정할 것을 제안하면서 상대적 유연성의 역할을 귀류법을 써서 증명한다. 즉 "이 언어의 서로 다른 항들은 서로 관계가 없을 것이며(원문대로), 사물들처럼 서로 분리된 채 있을 것이다."(엥글러, 2105F) 이와 같은 상상의 언어는 기존 언어들과 관련이 있을 터이다. 즉 언어들에서 항들은 상관적이기 때문에 분명히 가치를 지닐 것이다. 그러나 어떤 언어도 이런 식으로 구성되지 않는다는 사실은 관계의 역할과 상대적 유연성의 역할을 강조하는 일이며, 언어를 기호 체계로만 다루어서는 안 됨을 보여 주고 있다. 물론 여기서 논의의 대상이 되는 것은 낱말이다. 왜냐하면 문장은 정의상으로 분석이 가능하며, 상대적 유연성으로 이루어졌기 때문이다. 낱말과 문장은 상대적 유연성을 이용하며, 따라서 형태론과 통사론은 근본적으로 다른 성격의 것이 아니다.

이 가상의 예를 버리고 언어를 있는 그대로 보면, 기호들은 상대적 자의성으로 설명되는 구성체를 드러내며, 이 상대적 자의성은 유의적 특성을 유추 절차에 필요한 등급(정도)에 결부시킨다. 즉 'séduire(유혹하다)' 'séparer(분리하다)' 혹은 'sélection(선택)'에서 'sé' 요소는 유추에 의해 생산될 수 없고, 화자에게 의미가 없음을 확인할 수 있다.

따라서 기호들을 분할할 수 있다. 복합 기호(분석 가능한)는 상대적으로 유연('poir-ier' 혹은 'dix-neuf'처럼)하며, 그리고 단순 기호(분석 불가능한)는 절대적으로 자의적('poire'나 'dix'처럼)이다. 그러나 이러한 분석은 분석될 수 있는 유일한 대상이 통합의 층위임을 함축적으로 인정하는 것처럼 보인다. (이는 첫 직관에 대응된다.) 방금 전에 살펴본 바를 고려한다면, 상대적 유연성을 유의적 상관성으로 분석할 수 있는 기호들에까지 넓혀야 할 터이다. 그래야만 'plu(plaire의 과거 분사형)'를 'chanté(chanter의 과거 분사형)'와 동일한 방식으로 다루게 될 것이다.

'절대적 자의성과 상대적 자의성'을 이해하는 데 원전들은 중요하다. 이 구절은 《일반 언어학 강의》에서는 많이 생략되어 있다. 엥글러의 《고증본》에는 학생들의 노트를 인용한 네 개의 난들 가운데 셋은 똑같이 다음과 같이 적고 있다. 즉 "체계에서 항들의 연대성은 통합적 연대성이든 연합적 연대성이든 자의성에 대한 제한으로 볼 수 있다."(엥글러 2106B, 연합적 제한의 예로 'plaire/plu'를 들면서) 이 문구(특히 이 예)는 《일반 언어학 강의》에서 나타나는 바보다 더 명백하다. 《일반 언어학 강의》에는 단순히 "이제 우리는 단위들을 잇는 연대성을 파악하였다. 이 연대성은 연합의 층위와 통합의 층위에 속하며, 바로 이 연대성이 자의성을 제한한다"라고만 씌어 있다.

그럼에도 《일반 언어학 강의》(그리고 이 구절이 나오는 〈제3 강의〉)는 통합적 유연성에 대해 더 상세히 다룬다. 이는 틀림없이 부분적으로는 교육적인 이유에서일 터이다. 즉 통합적 유연성은 분절체로 읽을 수 있기 때문에 더 분명하게 드러난다.

(이 통합적 유연성은 분절체의 구체적 단위들만을 대상으로 한다.) 그러나 앞의 분석은 모두 분절체에만 그치지 않을 것을 요구한다.

그러나 이같이 분절체에 그치지 않는 방식은 궁지에 이를 수 있다. 즉 **모든 기호들**이 연합의 성운 중심에 있고 **모든 항들**이 관계들이 교차하는 지점이라면, 분석 불가능한 기호들조차도 상대적으로 유연하다고 보아야 하는 것은 아닌가? 문법의 개념을 지킨다면 그렇게 볼 수 없으며, 언어학자는 'poire'와 다른 한편으로는 'poirier'나 'men'을 동일한 방식으로 다루려고 해서는 안 된다. 유연적인 기호들과 무연적인 기호들의 구분은, 심지어 전통적인 방법 밖에서 어휘와 문법의 상호 영역 문제를 재검토하게끔 한다. 소쉬르는 **어휘＝무연적** 그리고 **문법＝상대적으로 유연적**이라는 단순한 등식(7장 참조)에 전적으로 동의하지 않지만, 이 등식은 생각할 여지를 준다고 강조한다.

—— 창조성은 무연성의 측면과 상대적 유연성의 측면에서 동일한 도식을 따르지 않는다. 즉 어휘 가치들은 폐쇄되지 않은 계열에 속하며, 이 계열에 언제든지 요소를 첨부하는 것이 가능하다. 반면 문법 가치들은 유한한 계열에 속하며(언어에서 새로운 접미사나 새로운 시제는 드물게 형성된다), 이 가치들로부터 무한한 수의 기호들이 형성될 수 있다. 예를 들어 프랑스어에서 동사 어근에 붙는 접미사 '-eur'는 많은 수의 명사들을 만들어 내며, 특히 새로운 동사에서 새로운 명사를 만들어 낸다. 즉 "어휘-논리적 도구는 서로 분리된 칸들로 이루어져 있고, 문법 도구는 서로 연결된 고리로 이루어진 연쇄이며, 한 단

위는 다른 단위를 부른다."(엥글러, 2119E)

—— 이 두 측면들 각각에서 확인된 부분에 따라 언어들을 유형별로 나누어 볼 수 있다. 어떤 언어든지 '최소한의 조직과 최소한의 자의성' 사이에 분류된다. 양극단에 속하는 언어 유형은 상상할 수 없다. 같은 문제를 뒤에서 다시 다룰 때, 소쉬르는 '생산적인 낱말들'과 '비생산적인 낱말들'의 비율이라고도 부른다. 상대적 유연성의 비율을 기초로 만든 유형들을 보여 주기 위해 유연성이 점진적으로 감소하는 언어의 유형순, 즉 산스크리트어(유연성 비율이 가장 많은 언어), 그리고 라틴어·독일어·프랑스어·영어·중국어의 순을 제안해 보인다.

6. 추상적 개체들

실증주의가 번성하던 20세기말에 추상과 관련한 소쉬르의 망설임을 보면, 그가 소위 추상적 단위에 한 장을 할애하고, 구체적 단위에 다음과 같이 대립시킨 점을 강조할 필요가 있다. 즉 "우리는 **추상적인** 것은 화자의 **활동**에 간접적으로 근거하고 있기 때문에, 개념이 음 단위에 직접적으로 근거를 둘 때 **구체적**이라는 용어를 사용한다."(엥글러, 2195E)

추상적 개체는 화자가 생산해 낼 수 있는 연합들을 분석할 수 있는 화자의 능력을 드러내는 모든 것에 관계된다. 즉 'enseignement'을 한편으로 'enseigner'에, 그리고 다른 한편으로 'jugement'에 연합시킴으로써, 화자는 이 연합들 각각에 다른 의미 작용을 부여하는 능력을 가지고 있는 것이다. "우리는 연

합과 문법 사이에 연관성을 보게 된다."(엥글러, 2172B)

라틴어 속격의 세 표지 'domin-i' 'reg-is' 그리고 'ros-arum' 간에 형태적으로 유사성이 없다는 점에 착안하여, 소쉬르는 문법적인 범주란 재료의 동일성이 없어도 '동일한 용법임을 시사하는 공통된 가치를 지니고 있다는 느낌'을 통해서 구성될 수 있음을 보여 준다.

속격, 실사, 혹은 다른 어떤 문법 범주든 추상적 개체는 개별적인 구체적 요소들이, 이 요소들로 구성된 일반적 부류로 이행함으로써 얻어진다. 이것이 추상화라는 작업이다. 실현된 요소들에서 잠재적 도식으로 언어학자를 이끄는, 즉 파롤에서 랑그로의 이행을 추상화라고 간주한다면(소쉬르의 망설임에도 불구하고), 심지어 두번째 등급의 추상화가 있다고 말할 수 있다. 두번째 등급의 추상화는 재료의 뒷받침에서 벗어나 화자들이 공통된 가치에 대해 갖는 '의식'을 강조하며, 이 의식은 재료의 분절체들만큼 강한 존재를 만들어 낸다. 즉 "언어(랑그)는 어근·접미사 등의 이름을 알고 있지 않지만, 랑그에서 의식과 이 차이들의 사용을 배제할 수는 없다."(엥글러, 2180B)

소쉬르에게 의식의 역할은 아주 중요하며, 공시태를 정의할 때 이미 이를 보았음을 상기할 것이다. 20세기의 언어학자들은 '화자의 느낌' 혹은 '모국어 화자의 직관'이라고 부르는 이 의식에 후에 도움을 청하게 된다. 이 의식을 사용하는 데 있어 유일한 제약은 이 의식과 문법학자의 분석간의 관계에 있다. 즉 '화자의 의식이 문법학자들의 분석만큼 항상 그렇게 깊이 진행될 수 있는지' 자문해 볼 수 있으며, 화자들 스스로 의식이 띨 수 있는 명시성의 정도에 대해 의문을 가질 수 있다.

그러나 이 원칙의 확대는 추상적 개체가 재료의 실현과 맺는 관계에 의해 제한을 받는다. 즉 "추상적 개체들은 마지막 분석에서는 항상 구체적 개체들에 근거를 둔다." 이 문구는 모호하지만 원전은 다음과 같이 분명히 밝히고 있다. 즉 "결국 마지막에 가서는 항상 우리가 구분해 놓은 유형의 개체들 혹은 동일성으로 되돌아가야 하는 것을 본다. 항상 구체적 개체들에 대한 연구가 선행되어야 하며, 모든 것은 이 단위들에 근거를 두어야 한다."(엥글러, 2184B) 이는 추상적 개체에 대한 연구가 문법의 최종 작업이고, 동시에 이 연구가 직접적이든 간접적이든 분절체의 구체성에 근거할 수 있다는 사실을 전제하고 있음을 보여 준다.

'랑그는 분석을 통해서 단위들은 물론 낱말의 어순 현상도 추상화하므로' 낱말의 어순 현상, 즉 낱말에서 요소들의 순서('eux-désir'라고 하지 않고 'désir-eux'라고 한다), 그리고 문장에서 낱말들의 순서도 마찬가지로 추상적 단위이다. 이에 대해서 다음의 두 가지 사실을 강조할 수 있다. 한편으로 관계는 단순한 병치로 표현될 수 있는데, 이것은 언어들을 비교해 보면(영어의 'gold watch'에 대해서 프랑스어에서는 'montre en or'라 한다) 잘 드러나며, 혹은 한 언어에서 서로 다른 상태를 비교해(고대 프랑스어의 'Hôtel-Dieu'는 현대 프랑스어에서는 전치사 'de'가 반드시 필요하다) 볼 수 있다. 또 한편으로 순서의 도치가 의미를 변화('je dois'에 대해서 'dois-je')시킬 수 있다. 어순은(어순의 도움이 불필요한 언어는 없다. 심지어 자유 어순이라고 불리는 언어들까지도) 시니피앙의 선형성 원칙과 직접적인 관련을 갖는다. 첫번째 유형의 추상적 개체들에 대해서

처럼 어순이 구체적 단위들에 근거하는 것은 결정적이며, 그렇게 해서 통사법의 한 특성을 드러낸다. 즉 "공간에 분배된 이 실제적인 단위들을 벗어난 무형의 통사법이 존재한다고 믿는 것은 잘못이다." 영어 예문 'the man I have seen'이 이를 증명해 준다. 여기서 프랑스어를 모국어로 하는 사람들은 프랑스어에서 'que'로 번역되는 것이('l'homme que j'ai vu') 영어에는 없기 때문에 제로 기호를 보려 할 것이다. 그러나 어군의 형태 자체가 그 가치를 생산하므로 '무가 무엇인가를 표현할 수 있다'는 착각을 하게 만드는 것은 바로 번역이다.

추상적 개체의 개념은 소쉬르에게 아주 중요하다. 즉 분석 없이는 접근할 수 없는 언어(랑그)의 단위는, 언어의 구성 원리를 이해하는 데 있어서 랑그의 단위가 화자들을 위해 행하는 역할 때문에 그래도 역시 구체적 단위와 동일한 실재를 띤다. 추상적 개체의 개념을 제시함으로써 소쉬르는 구체적 단위에 대한 자신의 분석을 확고히 하였고, 또 한편 그가 언어장을 이해하는 데 있어 가장 위협적으로 보이는 두 가지 위험을 경계토록 하였다. 즉 하나는 가치를 이용하지 않고 순전한 물성을 통해 재료가 되는 단위에 존재를 부여하는 일이고, 또 다른 하나는 의미가 실제적인 형태의 뒷받침을 통해서만 존재한다는 사실을 잊은 채 무형으로 추상화 작업을 하는 것이다.

7. 유추, 기능 작용, 창조성

공시태와 통시태의 구분을 생각할 때, 언어의 구성 원리와 유추를 결부시킨다는 것이 언뜻 의외일 수 있다. 게다가 변화와 관계되는 이 유추는 《일반 언어학 강의》의 제3부(통시언어학)에서 그 정의를 찾아볼 수 있다.

이같이 언어의 구성 원리와 유추를 결부시키는 것은 유추를 전통적 의미로 받아들일 때만 놀라운 일이다. 더욱이 소쉬르는 〈제1강의〉에서 유추를 전통적 의미로 받아들이고 있다. 그러나 〈제2강의〉에서부터는 유추를 확대 해석함으로써 공시적 관점 안에 둔다. 불행히도 《일반 언어학 강의》는 이 두 강의를 합성한 것이어서(〈제3강의〉에서 유추는 다루고 있지 않다), 〈제2강의〉의 혁신적인 관점을 이끌어 낸다는 일이 그리 쉽지만은 않다.

첫째로 유추는 결국 음성 변화와 대립해서 언어 변화 표현의 하나로 정의되고 있으며, 특히 그 결과에 있어서 음성 변화와 다르다.

음성 변화는 낱말의 형태를 변화시키는 자연스럽고 항구적인 진화이다. 그 예로 라틴어 'calidum'은 'calidu, caldu, cald, calt, [tʃalt], [tʃaut], [ʃaut], [ʃot], [ʃo]'의 단계를 거쳐서 프랑스어의 'chaud'가 된다. 이 음성 변화는 문법적인 연관성을 약화시키는 한편, 그것을 더욱 공고히 하는 두 가지 결과를 낳는다. 이 문법적인 연관성의 약화는 가치에 영향을 미친다. 즉 낱말은 더 이상 공시적으로 다른 낱말에서 파생된 것이라 느껴지지 않는다. (이처럼 프랑스어에서 'berger'는 'berbix'에서 파생된 라틴어 'berbicarius'와는 달리 'brebis'와 더 이상 관련이 없다.) 다른 한편 이와 상관적으로 낱말의 요소들은 더 이상 분석이 가능하지 않다. (예를 들어 'amicus(친구)'와 관계 있는 라틴어 'in-imicus'에 대해 프랑스어 'ennemi(적)'은 더 이상 분석이 가능하지 않다.) 이처럼 라틴어에서 프랑스어로 넘어가면서 상대적 유연성이 약화된다. 반대로 문법적 연관성의 강화는 규칙적 음성 변화가 문법적 규칙 안에서 일어날 때 생겨난다. 그것이 바로 교체이다.

음성 변화는 교체가 생기지 않을 때에는 문법적인 혼동의 요인이 된다. 즉 절대적 자의성은 상대적 자의성보다 우세하고, '언어의 구성 원리는 불명확해진다.' 그러나 이같은 결과는 유추 행위를 통해서 균형을 이루게 된다.

소쉬르는 네 가지 접근, 즉 정의·예시·도식 그리고 비교를 통해서 유추라는 개념을 명확히 한다. 정의는 다음과 같다. 즉 "유추는 모델과 이 모델의 규칙적인 모방을 전제한다. 유추에 따른 형태는 일정한 규칙에 의거하여 하나 혹은 여러 다른 형태의 모양에 따라 만들어진 형태이다." 원전들은 "전통적으로 존재하는 형태를 연합에 의해 생겨난 다른 형태로 대체한다"라고 명시한다.(엥글러, 2460B) 상이한 예문들 가운데서 라틴어 'honor'의 예를 들어 보자. 이 낱말의 출현은 소위 제4 등식이라 불리는 도식을 통해서 설명된다.

$$oratorem : orator = honorem : x$$
$$x = honor$$

이 도식은 다음과 같이 해석될 수 있다. 즉 세습적인 주격은 'honos'이지만, 'oratorem/orator' 쌍의 모델에 의거하여 라틴어가 유추로 규칙화된 'honor' 형태를 생성한 것이다.

비교는 세 등장 인물, 즉 '합법적인 형태(honos)' '그 경쟁자(honor)' 그리고 '이 경쟁자를 생산한 형태들(honorem, orator, oratorem……)로 구성된 집합적인 등장 인물'로 짜여진 드라마와 같다. 제4등식의 도식은 합법적인 형태가 이 과정에서 아무런 역할도 하지 못함을 잘 보여 주고 있다. 따라서 유추는 변화를 넘어서 하나의 혁신이다. 이 과정에서 새로운 형태의 단계와 구(舊)형태의 소멸 단계를 구별해야 하며, 구형태는 그 불규칙성 때문에 통용되지 않게 된다. 게다가 이 유추에 의한 혁신은 아무것도 대체하지 않을 수 있다. 가령 'répressionnaire(억압적인)'는 'réaction(반동)' / 'réactionnaire(반동적인)'의 도식에 근거해서 생성된 것이다.

소쉬르는 그리스어 문법에서 따온 개념으로 이미 신문법학자들에게서 나타난 분석을 제시하지만 새로운 것은 없다. 반대로 유추를 완전히 문법적이고 공시적인 현상으로서 언어의 여느 구성 원리와 유사한 현상으로 제시한 일은 근본적으로 새로운 것이다. 언어의 구성 원리처럼 유추는 '형태들의 결합 관계에 대한 인식과 이해'를 전제한다. 랑그의 활동, 즉 랑그가 전제하는 숨은 분석은 일상의 사용과 유추에 의거한 형성을 동시에 가능케 한다. 제4등식의 도식은 유추와 의미적인 대응 관계를 제시해 준다.

'Plaire(……의 마음에 들다)' : 'plu(과거 분사형)'
= 'chanter(노래하다)' : 'chanté(과거 분사형)'

'indécorable(장식할 수 없는)'과 같이 유추에 따른 생성은 이미 존재하는 요소들을 모이게 할 뿐, 한 통합체에 결속된 요소들은 모이게 하지 않는다. 낱말 'indécorable'의 성운에는 'dé-cor-er, décor-ation; pardonn-able, mani-able; in-connu, in-sensé 등'이 포함될 수 있다. 낱말 'indécorable'이 생성될 수 있는 잠재성을 제공하는 것은 랑그이며, "파롤에서의 그 실현은 이 낱말이 형성될 수 있는 가능성과 비교하면 사소한 현상이다." 따라서 유추는 랑그의 기능을 연구하는 데 있어 구성 원리에서 관계들의 작용을 보충하는 면을 이룬다.

유추는 간접적으로 랑그와 파롤의 구별을 확고히 하기도 한다. 실제로 유추의 사용이 랑그의 분석을 전제하는 것이라면, 유추의 실현은 '개별적인 화자의 개인적 활동,' 즉 파롤의 사실이다. 유추의 사용과 그 실현의 역할은 서로 관련이 있다 해도 서로 구별된다. 즉 생성 활동은 결합 활동에 지나지 않는다. 다시 말해 새로운 결합들의 생성이다. 그런데 어떤 재료들을 가지고 만들어진 결합인가? 이 재료들은 외부에서 주어진 것이 아니며, 랑그가 자체에서 끌어와야 한다. 그렇기 때문에 분석이라는 첫번째 행위가 필요한 것이다. 즉 랑그는 이전 세대가 랑그에 기여한 바를 해석하고 분석하며, 랑그가 얻은 하위 단위들로 새로운 구성체들을 결합시킨다.(엥글러 2573B) 유추에 따른 생성에서 개인의 역할은 아이들의 실수처럼(예를 들어 'éteindre/éteindrai'와 비교해서 'viendrai'에서부터 'viendre'가 생겨난다) 일시적인 결합들이 존재하는 데서 드러난다.

따라서 랑그/파롤의 구별은 하나의 개념에 혼합되면서 더욱 확고해진다. 즉 파롤에 의해서 랑그가 변하듯이, 유추에는 랑그의 과정에서 화자의 개입이 인정된 역할이 있는 것이다. 이러한 사실은 언어장의 정의에 비해 후퇴한 것으로 볼 수 있다. 게다가 이는 소쉬르가 〈제2강의〉에서 전개한 유추에 대한 고찰을 〈제3강의〉에서만 다룬 '공시언어학' 부분에서 제기되는 문제보다 연구가 덜 된 문제로 다루고 있다는 사실에 부합한다.

마지막 특성으로 유추는 랑그에서 혁신의 요인인 만큼 보존의 요인이기도 하다. 이미 살펴본 바와 같이 현실과의 관계가 어떠하든 유추는 생성의 과정, 심지어 잠재적으로 무한하기까지 한 생성의 과정이기 때문에 혁신의 요인인 것이다. 소쉬르는 비록 있을 법하지는 않지만, 전적으로 언어학적인 독일어의 예 'Elephantlein'(모델 'Fräulein'을 토대로 접미사 '-lein' 덕분에 형성된 지소격)을 든다. 또한 유추는 랑그가 재분배해서 이미 존재하는 바를 토대로 새로운 것을 만들기 때문에 보존의 요인이기도 하다. 즉 "랑그는 자신의 고유한 천 조각을 대어 기운 옷이다." 또 유추가 보존의 요인인 이유는 유추가 구성 원리의 통상적인 기능을 더욱 확고히 한다는 점에서 그러하다. 왜냐하면 형태의 안정성은 그 형태가 체계에 속해 있는 것과 연관되기 때문이며, 또한 유추가 분석 가능하기 때문에 형태가 그대로 전달되는 것이다. 소쉬르는 '연합된 형태들의 행렬'이 여정 내내 한 단위를 보존하는 이미지를 인용한다. 이러한 관점에서 유추는 구성 원리를 완전하게 내포한다. 즉 "형태들은 끊임없이 유추에 의해서 다시 만들어지기 때문에 유지된다."

그러므로 유추는 소쉬르가 이론을 구축하는 데 있어서 중요한 역할을 한다. 즉 유추는 통합 관계에서 연합 관계의 동원 같은 관계들의 핵심 요소이며, 유추는 공시태와 통시태간의 다리,

그리고 랑그와 파롤간의 다리인 기본적인 두 이분법의 교차점이기도 하다. 유추는 소쉬르가 창조성을 설명하는 방법 가운데 하나이며, 창조성은 화자의 위치가 도입하는 랑그와 파롤 사이의 '떠다니기'를 상정해야 접근할 수 있는 영역이다.(5.5. 참조)

소쉬르는 화자가 언어(랑그)를 사용하면서 드러내는 것만큼이나 치밀한 조직을 문법학자가 랑그에 제공할 것을 제안한다. 즉 "각 개인에게 있어서 랑그를 구성하고 있는 형태들의 덩어리가 개인의 머릿속에 혼돈 상태로 머물러 있다면, 파롤과 랑가쥬는 생각도 할 수 없을 터이다. 분류의 필요성, 즉 어떤 질서의 필요성은 심리학을 앞세우지 않더라도 **선험적인 필요성이다.**"(엥글러, 2024B) 각 기호가 잠재적으로 무한한 연합의 연쇄를 가리킨다는 구성 원리에 실제적인 깊이를 주는 관계의 모델에서는 기호에 대해 처음에 취한 형상, 즉 시니피앙과 시니피에의 단순한 결합은 찾아볼 수 없다. 이렇게 하나의 범형이 생겨나며, 이 범형에서 문법이 추구하는 바는 랑그 활동의 다양성이 화자의 사용에서 드러내는 것만큼이나 크다.

소쉬르는 현행 용어들로 표현하자면 언어와 무의식의 연관성에 대해 흥미로운 길을 열어 놓은 듯하다. 이 두 목적이 서로 합치되지 않음이 분명하기 때문에 다음장에서는 이것이 문법과 관계해서 무엇을 초래하는지 검토할 것이다.

【참고 문헌】

《일반 언어학 강의》
제2부, 5장, 6장, 7장, 8장.
제3부, 2장, 3장, 4장, 5장.

René Amacker, *Linguistique saussurienne*, Droz, 1975.

Oswald Ducrot, Le structuralisme en linguistique, *Qu'est-ce que le structuralisme?*, Seuil, 1968.

Ducrot-Todorov, *Dictionnaire encyclopédique des sciences du langage*, art. 'Syntagme et paradigme,' 1972.

Claudine Haroche, Paurl Henry et Michel Pêcheux, La sémantique et la coupure saussurienne, *Langages*, *24*, 1971.

7

시니피앙의 작용

　구성 원리에서 문제가 되는 가치와 관계는 소쉬르의 연구가 문법의 경계와 맞닿는 지점을 이룬다. 즉 의미 산출의 역할을 하는 몇몇 기능 작용들과 문법 사이에는 어떤 관계가 있는가? 문법의 경계에서 소쉬르의 모순도 보인다. 따라서 그 어느 때보다도 〈제1강의〉와 〈제3강의〉의 구별이 필요하다.

　《일반 언어학 강의》의 이러한 모순을 파악하기 위해서, 우리는 소쉬르의 다른 연구 작업들을 먼저 살펴본 후에 《일반 언어학 강의》를 검토할 것이다. 모순은 《일반 언어학 강의》와 '다른 소쉬르' 간에 있는 것이 아니라 《일반 언어학 강의》 자체 내에, 그리고 소쉬르의 다른 연구 작업들 자체 내에 있기 때문이다.

　'아나그램'부터 먼저 살펴보기로 하자. 《일반 언어학 강의》와 '아나그램' 간의 구별을 낮과 밤의 비유를 통해서 표현한 것은, '아나그램'이 《일반 언어학 강의》와는 아무런 공통점이 없음을 시사한다. (낮이고 그리고 밤이다.) 사실인즉 한 개념이 두 문제에 나타나고 있다. 즉 《일반 언어학 강의》에서 설정되어 있는 선형성이, 시피오의 예문에서 볼 수 있듯이 '아나그램'에서는 인정되고 있지 않다.

　그렇다면 '아나그램'은 언어에 관해서 우리에게 무엇을 가르쳐 주고 있는가? 우리는 그것이 시를 쓸 때 사용될 수 있는 기법의 하나임을 보았다.(1장) 텍스트들에서 아나그램이 '넘치는 것'에 놀란 소쉬르는, 첫 단계로 텍스트들에서 의식적으로 사용된 작시의 한 기법을 보려고 하면서 다음의 양단논법을 제시한다. 즉 아나그램은 '의도된 것이며 의식적으로 적용된 것인가' 아니면 '순전히 우연적인 것인가?' 그러나 그의 이러한 양분된 생각은 그가 도처에서 아나그램을 발견하게 됨으로써 흔들리게 된다. "이 책의 어느곳을 펼쳐 보아도 아나그램이 나타나지 않는 대목은 찾아볼 수 없었다."(스타로뱅스키) 그렇게 해서 소쉬르는 이 현상의 보편성을 인정하게 되었고, 그리고 이 현상을 회피할 수 없다는 사실을 인정하게 되었다. 즉 "이러한 법칙은…… 만일에 존재한다면 불가피하게 기저를 이룬다. 그 성격에 있어서는 유감스럽지만 그 효력을 피할 수는 없다. 이 기저는 거의 모든 대목에 대해서 저자가 낱말을 통해 자신의 사고에 어떤 형태를 부여할지 결정해 줄 것이다."(동상) 소쉬르는 결국 이같이 아나그램이 많은 것에 대해 다음과 같이 병적인 것이라고 비난하였다. "그것(아나그램)이 자신의 사고를 한 글자로 말하는 가장 단순한 방식에까지 확대되자 아나그램에 대한 애착은 병적인 측면을 띠게 되었으며 (…) 책들은 문자 그대로 어쩔 수 없는 하이포그램[1] 속에 잠겨 있었다."(스타로뱅스키가 재인용) 파도처럼 밀려드는 그 아나그램은 시에서 나타나고, 특정 산문들에서도 나타나며, 율리우스 카이사르의 주석에서도 나타나고! 키케로의 일상적인 서한에서도 나타난다! 소쉬르는 당대의 시인에게 보내는 편지에서까지도 그 '증거'를 필사적으로 찾으려 했고, 그 시인의 사투르누스 시에도 아나그램이 넘쳐나고 있었다. 그 시인이 소쉬르의 질문에 침묵으로 응답하자 소쉬르는 그 즉석에서 포기해 버리고 만다.

소쉬르가 다음과 같은 형태의 추론을 했다고 생각해 볼 수 있다. 즉 만일에 아나그램이 의도적인 것이 아니라면 아나그램이 많은 것조차도 이를 뒷받침하려고 하는데, 그렇다면 순전한 형식으로서의 언어 외부에 시니피앙에서 물성(matérialité)을, 그리고 실질에서 무게를 인정해야 한다. 언어의 모든 것이 성질이 같지 않고, 기호가 투명하지 않으며, 화자가 언어를 지배할 수 없다는 사실은 언어의 무한성을 보는 것이다. 그의 혼란은 다음과 같은 사실을 적도록 한다. "아나그램을 마치 작시법의 부수적인 현상으로 이야기할 수는 없다. 작시가가 원하든 원치 않든 한편으로 비평가가, 다른 한편으로 작시가가 원하든 원치 않든 아나그램은 작시법의 기저를 이룬다."(동상) 소쉬르가 일반 언어학을 가르치기 시작한 시기에 아나그램의 연구를 중단한 일은 헤어나올 수 없는 갈등을 감당해 내기 위한 유일한 해결책으로 보인다.

소쉬르는 약 10여 년 전에 예언가 스미스 양의 설어(舌語)와 대면했을 때, 언어와 무의식 사이의 연관성을 이미 보았었다. 프랑스어만 알고, 약간의 독일어와 아버지로부터 배운 헝가리어의 몇몇 개념만을 알고 있는 이 스위스의 마을 처녀가 분명 산스크리트어는 아니지만, 그렇다고 '결코 반(反)산스크리트어는 아닌, 다시 말해 산스크리트어 낱말들의 일반 형상과 재료에 있어서 상반되거나 대립을 이루는 어군들이 아닌' 언어를 사용해서 표현할 수 있다는 사실을 어떻게 설명할 것인가?(플루노이) 소쉬르가 10년 후에 '아나그램'과 그러하듯 그는 양극에서 망설인다. 즉 하나는 아나그램을 우연의 결과로 여겨서 평범한 현상으로 만드는 것이다. ("그의 의식이 이 일상적인 낱말들 하나하나를 이색적인 대용어로 대체하는 법칙을 따른 것이다. 방법은 별로 중요하지 않다." 플루노이) 아니면 그녀가 사용한 언어를 세심하게 검토하면서 암암리에 그것을 설명할 수 없는 것으로 인정하는 것이다. 즉 이것은 그 언어가 산스크리트어일 수 있었다고 여기는 일이다.

이 언어에 대한 소쉬르의 애매한 태도를 다시 강조할 수 있다. 소쉬르는 산스크리트어를 모르는 플루노이를 돕기 위해 "겉으로 보기에는 라틴어이지만, 시만디니[2]의 산스크리트어가 바라문의 산스크리트어에 아주 가까운 것처럼, 티투스 리비우스[3]나 키케로의 언어에 아주 가까운"(플루노이) 텍스트의 구성에 여념이 없을 정도로 매혹되어 있었다. 여기 서투른 라틴어를 만들어 내는 데 열중해 있는 우리의 준엄한 학자를 보라!

그러나 동시대의 언어학자라면 우연/설명 불가능 중에서 하나를 선택할 수 있음을 보여 줄 수 있을 것이다. 소쉬르는 스미스 양의 '인도어' 작품들은 f음의 부재로 특징지을 수 있다고 지적한 바 있다. 실제로 산스크리트어에는 이 음이 존재하지 않지만, f음이 나타나지 않는 것은 우연이었을 것이다. 그렇지 않으면 스미스 양은 분명 그 음을 생산해 냈을 것이다. 그러나 소쉬르는 산스크리트어에 대한 그녀의 영매한 지식을 전제하는 일 이외의 다른 설명은 제안하지 않았다. 후일에 이 문제를 재검토하면서, 프랑스의 언어학자 빅토르 앙리[4]는 언어에 프랑스어의 f 코드와는 다른 차원을 불가피하게 부여해야 한다고 제안하게 된다. 즉 f가 없는 것은 스미스 양이 자신의 작품들을 프랑스어의 이미지로 만들지 않기 위해 부과한 제약의 결과라는 것이다.[5] 이 설명이 옳든 혹은 옳지 않든, 그것은 한 항이 연합에 의해서 다른 것을 가리킬 수 있음을 전제한다. 소쉬르는 당시에 이를 제안하지 못하고 〈제3강의〉에서야 제안하기에 이른다.

'아나그램'과 만나게 되는 두번째 기회 때 그러했듯이, 상징적 세계와 만난 이 첫번째 기회에서도 소쉬르는 언어와 관계되는 것이 모두 언어로 설명되지 않는다는 점을 언뜻 확인하면서 막연하게 이해한 바를 외면해 버린다.

1907년부터 소쉬르는 일반 언어학을 가르치기 시작한다. 이 강의와 그의 다른 연구 주제들과는 어떤 관련이 있는가? 방금 역설한 모순들이 여기서 다시 발견되리라는 것을 예측할 수 있다.

우리는 3장, 4장, 5장, 6장에서 소쉬르 이론의 기본 사항들을 다루었고, 여기서는 이를 몇 가지 명제로 요약하기로 하겠다.

—— 어떤 파롤 행위든 하나의 잠재된 체계를 이용한다. 이 체계의 기능 작용은 즉석에서 관찰될 수 없다. 그 이유는 체계의 조직은 추상적이고, 그 구성 원리들은 화자에게 무의식적인 성격을 띠고 있으며, 실현은 잠재성에 비해 단편적이기 때문이다. 이 체계의 존재 양식은 체계를 가정하지 않고는 랑그를 생각할 수 없고, 체계가 랑그에 형식을 부여하지 않는 한 실질은 스스로 움직이지 않는 성격을 지니고 있다는 데 있다.

—— 체계의 주위에 개념망이 구축된다. 즉 공시태, 차이, 대립, 가치, 언어 이전에 사고가 존재한다는 견해, 가치의 기원과 서열의 견해에 대립되는 추상적인 개념들이 그것이다.

—— 체계는 모든 파롤 행위에서 문제가 되는 두 관계축의 작용을 통해서 가치를 생산한다. 즉 통합 관계와 연합 관계는 화자가 말할 때, 그가 행하는 '분석'을 반영하는 것이다. 연합 활동과 이론적으로 무한한 연합 활동의 특성은, 말해진 바가 잠재된 것과 말해지지 않은 것이 뒷받침되고 있는 것으로 이해시킨다.

위의 명제들은 생산적인 파롤이 어떤 방식으로 구성되는지, 말해진 것에서 어떤 방식으로 의미가 산출되는지에 대한 가설들을 세우는 데 매우 중요하다. 그렇지만 이 명제들이 코드가 규정하는 관계들의 기능 작용을 연구하기 때문에 문법의 경계를 가리키는 것이라 해도 문법의 경계를 넘어서지는 않는다. 명제들은 항상 그 한도 안에서 기술될 수 있기 때문이다.

그러나 드물기는 하지만 《일반 언어학 강의》에는 다른 사항들도 있다. 이 사항들은 문법을 벗어난 현상들과 관계되며, 문법적인 유연성(상대적 유연성)을 넘어서 상징적이라고 부를 수 있는 다른 유연성이 고려될 수 있음을 보여 준다.

그 중 하나는 연합 도식에서 '네번째 분선'과 관계된다.(6.2. 참조) 즉 'clément(관대한)'과 'justement'은 'enseignement'과 순전히 시니피앙에 의한 연합 관계를 이룬다. 〈제1강의〉에서 소쉬르는 기호의 두 면과 한꺼번에 관계되는 연합만 연합 관계로 인정했었다. 즉 그는 다른 모든 연합은 '한쪽만의 것'으로 결론지었다. 그러나 〈제3강의〉에서는 그의 관점이 넓어지면서 이제까지 하나의 별로 비유되었던 연합이 성운에 비유된다. 즉 "한 낱말은 '어떠한 방식으로든지' 연상될 수 있는 '모든 것'을 환기시킬 수 있다." (' ' 안의 표현은 필자가 강조한 것이다.)

그리고 모든 항은 '어떠한 측면으로든'(2026E) 랑그의 다른 항들을 가리킨다. 성운이란 "다른 연계된 항들이 모여드는 지점이며, 그 연계된 항들의 합은 무한하다." 그리고 이 연계 관계는 기호 전체에 의해서, 시니피에나 시니피앙에만 의해서 이루어질 수 있다. 그것이 'durchbläuen, clément, justement' 중 어느것이든 순전히 시니피앙에 의한 연합은 의미에서 벗어나는 특수성을 갖는다. 그래서 편집자들은 망설이게 된다.[6] 즉 'durchbläuen'을 제외시켰다고 기록한 주석에서 편집자들은 "이 마지막 경우는 드물고 비정상적인 것으로 간주될 수 있는데, 그 이유는 의식이 담화의 이해를 혼란시킬 수 있는 연합들을 자연스럽게 멀리하기 때문이다"라고 적고 있다. 이어서 "그러나 이 경우가 존재한다는 사실은 낱말 조작의 한 하위 범주에 의해서 증명되었으며, 낱말 조작은 순전한 동음 이의어에서 비롯될 수 있는 터무니없는 혼돈에 근거한 것이다……"라고 덧붙이고 있다.

주석들 가운데서 소쉬르가 가치에 대해 판단한 곳은 어디에도 없어서 《일반 언어학 강의》가 여기서 몇 가지 모순, 즉 〈제1강의〉와 〈제3강의〉 사이에, 소쉬르와 자기 자신 사이에, 편집자들과 소쉬르 사이에 서로 상반된 입장을 드러내고 있는 듯한 인상을 받는다. 결국 모든 것은 구성 원리가 문법을 넘어서 기능한다는 생각을 제어하기에 이른다. 이 네번째 분선에 대한 비판은 편집자들에게서 끝나지 않고, 아주 정교한 언어학자인 고델에게서 이 비난을 다시 보게 된다. 그는 편집자들이 "연합 관계 도식에 나타날 이유가 전혀 없는 'enseignement, clément, justement' 등의 어색한 계열을 첨부했다"고 비난한다.(원전) 이는 분명 중요한 쟁점이다. 즉 문법적 유연성을 넘어서는 상징적 유연성이 존재한다면, 언어 전반은 언어학자의 작업이 아닌 것이다.

문법에 환언할 수 없는 또 다른 현상이 있다. 이에 대해서는 소쉬르도 망설이고 편집자들도 그냥 지나치는 것을 알 수 있다. 즉 바로 민간 어원이다. 민간 어원은 '까다로운 낱말을 이미 알고 있는 바에 결부시켜서 이 낱말을 대략 설명하려는 시도'에서 비롯된 언어의 혁신을 가리킨다. "이처럼 고대 프랑스어 'coute-pointe('coute'는 'couette'의 변이형으로 담요를 의미하고, 'pointe'는 'poindre(찌르다)'의 과거 분사형)'는 마치 형용사 'court'와 명사 'pointe'가 합쳐진 것처럼 'courte-poine(누빈 담요)'로 변했다." 민간 어원이 지니는 혁신의 성격은 유추와의 비교로 분명해진다. 이 두 방식은 공통적으로 언어가 제공하는 유의적 요소들을 사용한다. 그러나 유추가 이전 형태가 사라지는 것을 함축한다면, 민간 어원은 이전 형태를 재해석하는 것이다. 따라서 유추는 모든 낱말들을 대상으로 할 수 있지만, 민간 어원은 기술적인 몇 개의 낱말들이나 자연적인 분석에 맞지 않는 외래어에만 적용되며, 이 낱말들에 대해서는 '알고 있는 형태들을 통해서 이해되지 않은 형태들에 대한 무조건의 해석'이 나타난다.

《일반 언어학 강의》 텍스트는 이 현상을 아주 낮게 평가한다. 유추와 민간 어원이 유사한 혁신을 만들어 낼 수 있지만(예를 들어 'sourdité'는 유추와 해석에 의해서 모두 형성될 수 있다), 이 둘은 제시하는 데 있어서는 차이가 있다. 즉 유추는 이성적인 방식으로 시행된다고 일컬어지지만, 민간 어원은 반대로 "약간은 우연에 의해서 시행되고, 결국에는 횡설수설에 이르게 된다"는 것이다. 그러나 사실 진정한 차이는 다른 데 있다. 즉 유추는 모방하는 것이기 때문에 시니피앙의 상대물로 시니피에를 갖는 기호의 완전한 도식에서 벗어나지 않는다. 그러나 민간 어원은 시니피앙의 실체에 역할을 부여함으로써 문법을 무력하게 만든다. 따라서 민간 어원 혹은 잠재된 어원은 시니피앙에 의한 연합처럼 의미가 서로 다른 두 어휘가 무언가 공통된 가치를 지닐 수 있음을 보여 주며, 이는 문법적 연상으로는 환언될 수 없는 가치이다. 체계를 통한 유연성이 확대되어서 어떤 관계를 통해서든 모든 것이 모든 것을 가리킬 수 있게 되면, 이는 말하는 바 속에 잠재된 기능 작용이 언어에 있음을 인정하는 것이며, 문법적 구성 원리의 경계를 넘어서는 것이 언어에 있음을 인정하는 일이다.

민간 어원과 시니피앙에 의한 연합에 접근할 때 정상적인 것과 병적인 것을 접근할 때처럼 똑같이 주저했다.[7] 〈제1강의〉(유일한 출처)에서 민간 어원에 대한 소쉬르의 판단은 편집자들이 재현해 낸 바와 일치한다. 즉 "그것이 비록 유추의 아주 특별한 적용이라 하더라도 거기에는 결함이 있고, 비정상인 것으로 간주될 수 있는 그 무엇이 있다."(엥글러, 2670B) 소쉬르의 이 문장은 그의 망설임을 잘 표현해 준다. 즉 그는 이 민간 어원의 기능 작용을 정상적인 것으로 여기는 데 주저하지만, 〈제3강의〉에서는 처음의 관점을 재고토록 하는 견해가 나타난다. (그러나 여기서 민간 어원은 다루어지지 않았다.)

이러한 관점에서 언어의 나머지 기능 작용은 모두 차이를 두기 위해 정상적인 것으로 제시된다. 결국 개념들의 정의 자체에서 정상적인 기능 작용이 격리됨으로써 문법이 스스로 울타리를 갖게 되고, 애매함이 배제되는 결과를 가져오는 것이다.

—— 언어가 다른 코드들과 무엇인가를 공유한다고 봄으로써 기호학적 관점은 언어를 관념의 표현 수단으로 만든다. 이는 언어 이전에 이루어진 개념들은 없다는 주장과 직접적으로 모순된다.

—— 랑그와 파롤을 코드와 코드의 현동화로 대립시키게 되면, 파롤이 화자에게 '개인적인 사고를 표현하도록' 해주기 때문에, 말하는 바에 대해서 말하고자 하는 것이 선행한다는 사실을 밝히고 있는 듯하다. 이 관점은 랑그를 가치로 정의할 때 문제되었던 관점이다. 따라서 파롤은 화자가 자신의 언어를 완전히 숙달하고 있어야 함을 보여 준다.

—— 단위의 결정 방식은 소쉬르로 하여금 분류 원칙이 될 수 없는 것, 즉 단위를 이끌어 낼 수 없는 것은 전부 버리도록 한다. 이 점에서 소쉬르는 진정한 비교주의자다. 즉 동일성의 관계로 분류될 수 없는 것은 언어장에서 제외된다.

—— 형식이 실질에 대립될 때, 형식의 무게가 시니피앙 실체의 두께를 가리게 되어 시니피앙은 순전한 투명성이 될 위험이 있다.

그러나 《일반 언어학 강의》의 구성은 강의들이 어떻게 진전되는지 보여 주지 못함으로써, 모순들이 어떻게 변화하는지 따라갈 수 없게 만든다.

관계에서, 특히 연합에서 소쉬르는 〈제1강의〉와 〈제3강의〉 사이에서 근본적으로 견해를 바꾼다. 〈제1강의〉에서 연합은 제약의 제한을 받고 있다. 즉 "어떤 순간에도 화자의 의식은 다른 가치를 지니는 같은 음의 두 요소를 대조하지 않는다."(원전) 이 점을 설명하기 위해 'inspirer'와 'inconnu'에서 'in-'을 서로 대조할 수 없다는 점을 예로 제시한다. 어떤 문법적인 고찰도 이같은 대조에 기초할 수 없다는 것은 분명하다. 그러나 접두사를 대상으로 한다면, 바로 네번째 분선 'enseignement/clément'에 해당되는 경우가 아닌가! 그러므로 여기서는 〈제3강의〉와 상반된다. 이는 마치 《일반 언어학 강의》에 나타나지만 〈제1강의〉에서 시작된 시니피에와 시니피앙의 관계를 특징지을 때와 같다. 즉 "언어(랑그)가 인정한 대조만이 현실과 일치하는 듯이 보이며, 우리는 상상할 수 있는 다른 대조를 모두 배제한다." 이같은 코드의 폐쇄는 어떤 수단으로 보장받는가? 그 첫 단계로 소쉬르는 화자들의 의식에 부합하는 연합들만을 인정한다.

'의식에 도움을 청하는 것'이 선형적인 경계 획정의 어려움 때문에 필수적이 되어 버린 일을 기억한다. 그러나 우리는 여기서 다시 모순에 빠진다. 즉 "언어 행위가 그 무엇보다도 가장 적게 사고하고, 가장 적게 계획하며, 어느 특정인에게만 해당되지 않는 가장 보편적인 것이다"(원전)라고 선언한 바로 그 사람이 동시에 유의성의 정도에 대한 정도를 의식의 정도에 종속시키는 것이다.

여기서 다시 〈제3강의〉는 결정적인 수정을 하기에 이른다. 즉 그후부터 '유의성의 정도'(〈제1강의〉)는 '유연성의 정도'로 대체됨으로써 가치가 전면에 서게 되었고, 기호의 제반 문제는 체계로 옮겨졌다. 따라서 무의식으로의 길이 열리게 되는 것은 상대적 유연성의 주변, 특히 무의식에 배당하는 응용장의 주변에서이다.

실제로 상대적 유연성의 역할은 중요하다. 즉 선형적인 경계 획정이 가능할 때엔('poire-poirier') 통합과 관련되고, 선형적인 경계 획정이 더 이상 가능하지 않을 때엔 연합으로 대체됨으로써('plaire-plu') 상대적 유연성은 다음과 같은 질문을 제기한다. 즉 모든 기호가 성운에서 무한한 수의 다른 기호들과 연합 관계에 있는 이상, 유연하지 않은 기호들이 존재하는가? 만일 문법이 긍정으로 대답한다면(6.5. 참조) 상징 체계는 아마도 부정으로 대답할 것이며, 이에 문법적 유연성과 상징적 유연성의 구별이 꼭 필요하다.

따라서 문법이 제안할 수 있는 지식이 아니면서 가능한 연합들이 연합의 차원을 넘어서는 랑그와 관계된 사항이 한 가지 있다. 이 사항을 점진적 관계를 사용해서 표현할 수 있다. 즉 'enseignement' / 'armement' (문법적 계열), 'enseignement' / 'justement' (같은 형태의 접미사를 포함하고 있는 낱말들, 그러나 상이한 어근에 붙는 상이한 접미사들), 'enseignement' / 'clément' (두 경우 중 하나에만 접미사가 있지만 음 형태와 철자가 유사), 'enseignement' / 'maman' (구어의 시니피앙에서만 공통점이 존재). 문법이 제 역할을 하는 경우는 오로지 첫번째 경우이며, 그 다음의 경우들에서는 문법의 역할이 점점 약화된다고 말할 수 있을 것이다.

따라서 소쉬르의 언어학은 몇 가지 중요한 특성들 덕분에 어떻게 말하는지, 생성적인 파롤은 어떻게 일어나는지에 대해 무언가를 제시해 줄 수 있다.

── 랑그는 기원도 없고, 관계와 차이일 뿐이기 때문에 그 모든 가상적인 것에서 정화된다. 기호는 실질이 없고, 고유한 특성도 없다. 즉 차이는 기호의 부차적인 특성이 아니라 결정적인 특성이다.

── 시니피앙은 무언가를 의미할 수 있는 자신의 고유한 능력을 의미할 뿐이다. 즉 '명백한 의미'가 존재하는 것이다. 이는 엥글러가 재인용한 소쉬르의 예에서 잘 나타난다. "산책하면서 나는 아무 말 없이 장난삼아 나무에 홈을 낸다. 나와 동행한 사람은 이 홈에 대한 생각을 간직한다. 이 사람이 그 순간부터 이 홈에 두세 가지 생각을 결부시킬 것은 분명하다. 반면에 나는 그를 장난삼아 속이거나 스스로 즐기려는 생각밖에는 없었다."(《페르디낭 드 소쉬르 노트》, 19) 시니피앙이 의미 작용을 갖도록 하는 것은 통합 관계와 연합 관계이다.

── 그 무엇도 화자 두 사람이 같은 분절음에 동일한 의미를 부여한다고 보장하지 못한다. 그러나 의사 소통과 불변의 의미가 존재한다고 믿는다면 다르겠지만, 이는 문제될 바가 없다. 소쉬르가 경계하는 것은 어떤 의미든지간에 어떻게 '의미'가 산출되는지를 이해하려는 것이다.

소쉬르는 언어학자란 언어 전체를 연구 대상으로 하는 것이 아니라고 주장하면서 언어학자의 위치를 정의한다. 언어학자는 분명 '따로 분리시켜 가면서' 언어학의 대상을 제시해야 한다. 따로 분리시킨 것에 대해서는 다른 사람들이 무엇인가를 해야 하는 것이지 언어학자가 해야 할 일이 아니다. 언어학자는 따로 분리시킨 것 자체에 대해 꼭 알아야 할 필요는 없는 것이다.

소쉬르에 관한 본 저서를 마치면서, 이제까지 소쉬르의 언어학에 관해 거론되지 않은 사항들의 목록을 세우는 일로 끝을 맺고자 했었다. 어떻게 보면 이는 언어학자들의 공통 관심사일 것이다. 그러나 이것이 불가능했다. 소쉬르의 모든 개념, 정말 모두가 아주 격렬한 논쟁을 불러일으켰기 때문이다.

그렇다면 구조주의 방법론도 논의의 대상이 되는데, 오늘날 소쉬르에게 남은 것은 무엇인가?

언어학자의 위치에 대한 고찰이 남아 있다. 오늘날에는 여러 각도(정신분석학·화용론·인식론·논리학)에서 여러 분야(소쉬르가 언어학 관점을 끌어낸 '관련 학문'과 부분적으로만 유사한)가 랑가쥬를 다룰 계획을 갖고 있다. 그래서 언어학자에게는 두 가지 입장만이 가능하다. 즉 랑가쥬나 언어(랑그)의 그 무엇이 언어학자에게서 벗어나도록 결심하지 못한 사람들은 실지에서 이 학문들과 경쟁을 해야 한다. 아니면 그 이외 다른 사람들은 무엇이 언어학자의 활동에 특이성을 부여하는지를 알아야 한다. (언어학자가 '자신이 무엇을 하는지'를 알아야 한다.)

이러한 관점에서 본다면, 소쉬르의 고찰은 그 어느 때보다도 오늘날의 관심사라 할 수 있겠다.

【참고 문헌】

《일반 언어학 강의》
제2부, 5장과 6장.
제3부, 6장과 7장.

Michel Arrivé, Intertexte et intertextualité chez F. de Saussure? *Le plaisir de l'intertexte: formes et fonctions de l'intertextualité dans la littérature française du XXᵉ siècle*, Peter Lang, 1986.

Claudine Normand, *Métaphore et concept*, Editions Complexe, 1976.

Moustapha Safouan, *L'inconscient et son scribe*, Paris, Seuil.

Tzvetan Todorov, *Théorie du symbole*, Paris, Seuil, 1977.

Béatrice Turpin, *Le jeu de la langue chez Saussure*, thèse de 3ᵉ cycle, Université de Paris X, 1980.

원주 / 역주

1. 다양한 얼굴의 스승

1) 1928년에 일본어, 1931년에 녹일어, 1933년에 러시아어, 1945년에 스페인어, 1959년에 영어, 1961년에 폴란드어, 1967년에 이탈리아어로 번역되었다. 엥글러 Engler, 1976 참조.

2) 적어도 벤베니스트(Benveniste) · 마르티네(Martinet) · 옐름슬레우(Hjelmslev) · 야콥슨(Jakobson) · 블룸필드(Bloomfield) · 촘스키(Chomsky) · 라보브(Labov)를 들 수 있다.

3) 프랑스의 경우만을 보더라도 적어도 라캉(Lacan) · 레비 스트로스(Lévi-Strauss) · 바르트(Barthes) · 사푸앙(Safouan) · 마노니(Mannoni) · 부르디외(Bourdieu) · 데리다(Derrida) · 리쾨르(Ricœur)를 들 수 있다.

4) 생성 문법의 창시자인 촘스키는 구조주의의 이점과 동시에, 그에 따르면 구조주의를 능가할 수 있다는 것을 보이기 위해 이 문법을 창시했다. 그의 초기 저서들에서는 자주 소쉬르를 거론한다. 《*Currents issues in linguistic theory*》(1964)는 촘스키가 원전에도 관심을 가졌음을 보여 주고 있다.(고델을 참조) 그래도 그가 원전을 읽는 데는 편견으로 가득하다.

5) 이는 아나그램의 소쉬르를 일컫는다. 여러 저서들 가운데서 소쉬르의 이중적인 면에 대한 이와 같은 생각은 루이 장 칼베(Louis Jean Calvet)의 저서에서 찾을 수 있다. 《소쉬르에 대한 찬반 *Pour et contre Saussurre*》, 페이요, 1975. (아나그램의 소쉬르를 옹호하고, 《일반 언어학 강의》의 소쉬르에 반대한다.)

6) 현재 우리가 사용하고 있는 툴리오 드 모로(Tullio de Mauro)의 판본에서 가장 완벽한 그의 약력 소개를 제시하고 있다.(《일반 언어학 강의》, pp.319-389)

7) 달리는 설명되지 않는 현상을 설명하려는 순전히 이론적인 이유에서, 소쉬르는 이 《논문 *Mémoire*》에서 당대에 알려진 언어에는 그 흔

적이 남아 있지 않은 음이 인도유럽어에는 존재한다고 가정하고 있다. 그러나 소쉬르가 정확하게 그 특성과 역할을 이끌어 냈던 이 현상은 그의 사후에, 히타이트어의 판독이 이루어지면서 실제로 있었다는 사실이 드러나게 된다. 이렇게 해서 이 음은 가설-연역 방법에 따른 학문 도형들 사이에 자리잡게 된다. 이 《논문》으로 소쉬르는 아주 빠른 속도로 비교언어학 세계에서 유명해졌고, 20세기 전반의 언어학자들 가운데 상당수는 이 저서로 소쉬르가 중요한 언어학자가 되었다고 여긴다.(50년대 메예 혹은 벤베니스트 참조)

8) 라이프치히의 주요 비교 이론학자들 가운데 두 사람인 브루크만(Brugmann)과 오스토프(Ostoff)는 《논문》의 환영사에서 상당한 적의를 표명했다.

9) 3-5세기에 로마를 침범한 게르만족인 고트족의 언어. 〔역주〕

10) 그가 왜 파리를 떠났는지, 그리고 제네바로 다시 돌아와서 왜 점점 침묵하게 되었는지, 그 정확한 이유는 아직도 소쉬르 전기에서 미결점으로 남아 있다. 벤베니스트는 소쉬르의 사후 50년을 맞아 다음과 같이 이야기한다. "다소의 의혹이 그의 생애를 둘러싸고 있지만, 그것은 곧 침묵 속에 묻히고 만다."(1963 in 1966)

11) 소쉬르가 3기에 걸쳐 행한 일반 언어학 강의의 기간은 다음과 같다.

　　Cours Ⅰ 〈제1강의〉 1907. 1. 16〜1907. 7. 3.

　　Cours Ⅱ 〈제2강의〉 1908. 11〜1909. 6. 24.

　　Cours Ⅲ 〈제3강의〉 1910. 10〜1911. 7. 4. 〔역주〕

12) 1970년 이후에 제시된 프랑스어 판본들은 《일반 언어학 강의》의 이탈리아어 판본에 실려 있는 이 주석들의 번역을 수록하고 있다.

13) 이 표현을 쓴 사람은 야콥슨이다. 칼베의 저서를 보면 '진정한 소쉬르의 혁명'이라는 표현을 쓴 것을 알 수 있다.('진정한'이라고 한 이유는 칼베가 《일반 언어학 강의》를 혁명으로 인정하지 않기 때문이다. 1975, p.107) '제2의 소쉬르'는 여러 저서에서 전개되는데, 예를 들자면 《Recherches》지의 16호 《두 소쉬르》가 있다.

14) 이 사고의 흐름은 '체계(système)'를 '구조(structure)'로 재해석함으로써 한 요소는 이것이 속해 있는 구조 전체와 맺는 관계에 따라 정

의되는 것으로 여기며 모든 현상을 연구한다. 예를 들면 레비 스트로스가 말하는 친족이라는 용어는 친족 체계에 속하는 다른 모든 항들과의 관계에서 이해되어야 한다.

15) 이 표현은 렙쉬(Lepschy)의 저서에서 처음으로 나타난다.(《구조언어학 La linguistique structurale》, 파리, 1967) 그후 이 표현에 대해서는 원전을 고려해서 라틴어역 《성서》에 반대하는 주해자들 전원의 합의가 있었다. 라틴어역 《성서》는 항상 타인들임을 주지해야 하며, 어느 누구도 스스로 라틴어역 《성서》를 지지한다고 말하지 않는다.

불가트(Vulgate)란 4세기말 히에로니무스에 의해 번역되어 트리엔트 공의회에서 채택되어 오늘날까지 이르는 헤브라이어의 라틴어역 《성서》를 일컫는다. 〔역주〕

2. 《일반 언어학 강의》는 어떻게 만들어졌나

1) 이 부분의 번역은 《일반 언어학의 제문제》(황경자 역, 민음사, 1992)를 참조하였다.

2) 《수사본 Sources manuscrites》에 기술된 이 메모들은 《페르디낭 드 소쉬르 노트》 n° 12에서 고델에 의해 편집되었다.

3) 따라서 엥글러의 원전을 참조할 때, 2115E와 같은 기호 표시는 발췌 2115, E난으로 읽어야 한다.

발췌는 가능한 한 항상 《일반 언어학 강의》에서 인용할 것이다. 출처의 경우는 엥글러나 고델에게서, 혹은 이 두 사람에게서 나타나지 않을 때는 다른 판본에서 인용할 것이다.

4) 이러한 전달이 글로 보장받지 못했다는 또 다른 생각, 즉 라캉의 《세미나 séminaires》와 비교하지 않을 수 없다. 그러나 커다란 차이 가운데 하나는 1910년에는 녹음기가 존재하지 않았다는 점이다.

5) 본서에 재현해 놓은 고티에와의 대담에서 똑같은 비유를 참조할 것. 소쉬르의 인용에서 나타나는 용어들의 이해를 위해서는 4장 참조.

6) '이 권'은 1894년에 계획했지만, 씌어진 적이 없는 책을 암시한다.

7) 드 모로(p.409)는 똑같은 제시의 문제에 대해서 다른 언어철학자인 비트겐슈타인(Wittgenstein)이 부딪힌 난제들과의 흥미로운 비교를 제

시한다. (예를 들어 《철학 연구 *Investigations philosophiques*》의 서문에서)
비트겐슈타인은 소쉬르가 쓰기를 단념하였던 '철학적 관찰(remarques
philosophiques)'의 형식을 채택하게 된다

3. 기 호

1) 이 음향 영상이라는 용어가 너무 좁은 의미로 비칠 수도 있다. 왜
냐하면 한 낱말의 음표현과는 별도로 조음, 발성 행위에서의 근육 영
상도 존재하기 때문이다. 그러나 페르디낭 드 소쉬르에게 있어서 언어
는 본질적으로 외부로부터 받은 것, 즉 하나의 위탁소이다. 음향 영상
은 파롤에 의해 실현된 것은 모두 제외하고, 잠재적인 언어 사실로서
의 낱말의 자연스러운 표현이다. 따라서 원동력이 되는 측면이 함축되
어 있을 수 있다. 이 측면은 어쨌든 음향 영상에 비해 종속적인 위치를
차지할 수 있을 뿐이다.

2) 편집자들은 화살표들을 첨부하고 '이 두 요소들은 서로를 요구
한다' 같은 문장으로 주석을 붙임으로써, 이 도식에 나타나는 모순을
더 강조할 뿐이다. 이 문장은 요소들이 먼저 존재하고 자신들의 상대
물을 기다리고 있음을 암시한다. 그러나 이 모순에 대한 책임을 오로
지 편집인들의 탓으로만 돌려서는 안 될 것이다. 이 모순은 소쉬르 자
신의 망설임과도 관련된다.

4. 체 계

1) 소쉬르는 이 동일성의 문제에 전념하는데, 이 문제는 《니벨룽겐
Nibelungen》의 전설들을 다룰 때도 나타난다. "사고의 부적당함은 철
학적인 의미에서 '기호'의 다른 형태에 지나지 않는 '낱말' '신화의 인
물' 혹은 '알파벳의 글자'와 같이 존재하지 않는 실체가 문제될 때, '동
일성' 혹은 동일성의 특성들에 대해 충분히 고찰하지 않은 데서 비롯
된다."(원전)

2) 이는 소쉬르를 일컫는다. 그가 왜 1891년에 콜레주 드 프랑스에
서 맡고 있던 자리를 사임하고 제네바로 다시 갔는지에 대해서는 벤
베니스트의 말처럼 아직도 미결점으로 남아 있다. [역주]

5. 대 상

1) 형용사 '언어학의(linguistique)'는 세 명사, 즉 랑가쥬(langage), 언어(langue), 그리고 언어학(linguistique)에 대응한다는 것에 주의하자. 이로부터 많은 중의성이 생겨난다.

2)《일반 언어학 강의》에서는 다음과 같이 표현되고 있다. "언어학의 유일하고 진정한 대상은 그 자체로, 그리고 그 자체를 위해서 고찰한 언어(랑그)이다." (La linguistique a pour unique et véritable objet la langue envisagée en elle-même et pour elle-même. p.317) 〔역주〕

7. 시니피앙의 작용

1) 아나그램(anagramme) · 하이포그램(hypogramme) · 파라그램(paragramme)…… 소쉬르는 이 현상에 붙일 이름에 대해 오랫동안 주저하였다.

2) 스미스 양이 자신의 인도 '소설'에 등장할 때 택한 이름이다.

3) 티투스 리비우스(Titus Livius), 로마의 역사학자로 수사학과 철학에 관심을 가졌지만, 주요 저서는 총 1백42권으로 구성된 미완성의《로마사 Ab Urbe Condita Libri》이다. 오늘날에는 그 일부만이 전해지고 있으며, 제정 시대에도 불구하고 아주 공정한 역사를 기술하고 있다고 평가받고 있다. 〔역주〕

4) 19세기말과 20세기초의 프랑스 언어학자로 특히《화성의 언어 활동》(1901)의 저자이다.

5) 토도로프(Todorov)는《상징 이론 Théorie du symbole》에서 의미심장한 오류를 하나 지적하는데, 이 오류는 소쉬르가 모국어와 관계가 있는 이 문제를 사실상 잘 이해하고 있음을 보여 준다. 라틴 어법의 전형을 주해하면서 소쉬르는 다음과 같이 적는다. "텍스트는 '두 가지 언어'를 섞지 않는다. 이 낱말들이 라틴어라고 할 수 없더라도, 적어도 제3의 언어가 개입되지 않는다." '두' 언어, 그리고 나서 '세' 언어. 세번째 언어는 어떤 것인가, 아니면 제외된 것이 모국어인가?

6) 이들의 지적인 정직함에 경의를 표할 수 있는 추가 이유이다.

7) 이 두 현상들간의 유사성은 〈제3강의〉에서 시니피앙의 연합을 보

여 주는 'durchbläuen'이 〈제1강의〉에서는 민간 어원을 보여 주고 있다는 사실에서 다시 강조되고 있다.

부 록

1. 문법 및 언어학 어휘 일람

소쉬르가 독자적으로 사용했거나 특별한 의미를 부여하는 용어들은 여기에 게재하지 않았다. 한편 여기에서 내린 정의는 가장 일반적으로 쓰이는 전통적 의미를 띠고 있을 뿐 소쉬르에 의해 재고된 것은 모두 제외되었다.

문법(Grammaire): 형태들의 체계에 대한 기술. 이 체계를 통해서 언어는 낱말 안에서 단위들을 결합시키고 문장 속에서 낱말들을 결합시킨다.

랑가쥬(Langage): 인간 혹은 동물 공동체가 사용하는 의사 소통 수단. 인간에게서 랑가쥬 능력은 언어들에서 실현된다.

언어(Langue): 특히 의사 소통을 목적으로 언어 공동체가 사용하는 의미 작용의 체계.

어휘(Lexique): 전통적으로 문법 체계에 대립되며, 한 언어에서 나타나는 낱말들의 총체.

언어학(Linguistique): 랑가쥬와 제언어들의 과학적 연구.

형태론(Morphologie): 문법 범주(예를 들어 '낱말'은 실사이다), 경우에 따라 있을 수 있는 변이형들('chanteraient'와 'chantions'은 'chanter'와 같은 형태이다), 그리고 단위들의 결합 형태('chant-eur'는 'chanter'에서 형성될 수 있다)의 관점에서 낱말을 연구하는 문법의 한 분야.

의미론(Sémantique): 랑그 단위들의 의미 작용과 낱말·문장·발화체에서 이 단위들의 결합 관계에 대한 연구.

통사론(Syntaxe): 절에서 낱말간의 연쇄와 문장에서 절간의 연쇄를 다루는 문법의 한 분야.

2. 참고 문헌

각 장의 끝이나 주석에 명시한 저서들은 여기에 다시 수록하지 않았다.

《일반 언어학 강의》와 그 원전:

F. de Saussure, *Cours de linguistique générale*, éd. critique préparée par T. De Mauro, Paris, Payot.

F. de Saussure, Notes inédites, *Cahiers Ferdinand de Saussure*, n°12, Genève, 1954.

F. de Saussure, Introduction au deuxième cours, *Cahiers Ferdinand de Saussure*, n°15, Genève, 1957.

R. Engler, *Edition critique du Cours de linguistique générale de Ferdinand de Saussure*, Wiesbaden, Otto Harrassowitz, 1967-1974.

R. Engler, Bibliographie saussurienne, *Cahiers Ferdinand de Saussure*, n°s30, 31, 34 et 40, Genève, 1976 et s.

R. Godel, *Les sources manuscrites du Cours de linguistique générale*, Genève, Droz, 1957. (본서에는 SM으로 약기하였다.)

소쉬르의 기타 학술 저서와 평론:

M. Arrivé, *Linguistique et psychanalyse*, Paris, Klincksieck, 1986.

T. Flournoy, *Des Indes à la planète Mars*, republication, Paris, Seuil, 1983.

J. M. Rey, Saussure avec Freud, *Critique*, n° 309, Paris, 1973.

F. de Saussure, *Recueil des publications scientifiques*, Genève-Paris, republication Slatkine, 1984.

J. Starobinski, *Les mots sous les mots*, Paris, NRF, Gallimard, 1971.

P. Wunderli, *Ferdinand de Saussure und die Anagramme*, Tübingen, Niemeyer, 1972.

소쉬르에 대한 일반 평론:

R. Amacker, *Linguistique saussurienne*, Genève, Droz, 1975.

J. Culler, *Saussure*, Glasgow, Fontana/Collins, 1976.

R. Engler, *Lexique de la terminologie saussurienne*, Utrecht et Anvers, 1968.

R. Engler, La parte di Saussure, in *Roman Jakobson*, a cura di Pietro Montani e Massimo Prampolini, Roma, Editori Riuniti, 1990.

R. O. Jakobson, La théorie saussurienne en rétrospection, édité par L. Waugh, *Linguistics*, n° 22. 1984.

G. Mounin, *Saussure ou le structualisme sans le savoir*, Paris, Seghers, 1968.

L. Waugh, Introduction à Roman Jakobson: la théorie saussurienne, *Linguistics*, n° 22, 1984.

La revue *Cahiers Ferdinand de Saussure*(Genève), 본서에서는 *CFS*로 약기. 소쉬르의 미간행 논문들과 평론들을 출간하였다.

소쉬르의 언어학과 그 발전 과정 입문서:

R. Amacker et R. Engler(dir.), *Présence de Saussure. Actes du Colloque international de Genève*, Genève, Droz, 1990.

M. Arrivé, F. Gadet et M. Galmiche, *La grammaire d'aujour-d'hui*, Paris, Flammarion 1986. (문법과 언어학 용어 사전.)

M. Arrivé et C. Normand(dir.), *Saussure aujourd'hui*, *Actes du Colloque de Cerisy*, *LINX*, revue de l'Université de Paris X, 1995.

E. Benveniste, *Problèmes de linguistique générale*, Paris, NRF, Gallimard, 1996.

J. L. Chiss, J. Filliolet et D. Maingueneau, *Initiation à la linguistique structurale*, 2 tomes, Paris, Hachette Université, 1977 et 1978. (소쉬르와 구조주의를 소개하는 입문서.)

G. Mounin *La linguistique du XXe siècle*, Paris, PUF, 1972. (각 장은 20세기의 주요 언어학자 한 사람씩에 할애되어 있다.)

Cl. Normand *et al.*, *Avant Saussure*, Bruxelles, Complexe, 1978. (소쉬르와 동시대의 텍스트들에 대한 주석 첨부, 1875-1924.)

R. Simone, Il corpo del linguaggio, in *Il sogno de Saussure* Roma-Bari, Laterza, 1992.

김용숙
이화여대 외국어학부 불어학 전공 교수

임정혜
파리13대학교 언어학 박사
현재 이화여대 BK21 인문사회분야 연구원
동대학 외국어학부 강사

현대신서
99

소쉬르와 언어과학

초판발행 : 2001년 12월 20일

지은이 : 프랑수아즈 가데
옮긴이 : 김용숙 · 임정혜
펴낸이 : 辛成大
펴낸곳 : 東文選

제10-64호, 78. 12. 16 등록
110-300 서울 종로구 관훈동 74
전화 : 737-2795
팩스 : 723-4518

편집설계 : 李惠允 李尚恩 李姃旻 劉泫兒 韓智硯

ISBN 89-8038-217-0 94700
ISBN 89-8038-050-X (현대신서)

84 조와(弔蛙)	金敎臣 / 노치준·민혜숙	8,000원
85 역사적 관점에서 본 시네마	J.-L. 뢰트라 / 곽노경	근간
86 욕망에 대하여	M. 슈벨 / 서민원	8,000원
87 산다는 것의 의미·1—여분의 행복	P. 쌍소 / 김주경	7,000원
88 철학 연습	M. 아롱델-로오 / 최은영	8,000원
89 삶의 기쁨들	D. 노게 / 이은민	6,000원
90 이탈리아영화사	L. 스키파노 / 이주현	8,000원
91 한국문화론	趙興胤	10,000원
92 현대연극미학	M.-A. 샤르보니에 / 홍지화	8,000원
93 느리게 산다는 것의 의미·2	P. 쌍소 / 김주경	7,000원
94 진정한 모럴은 모럴을 비웃는다	A. 에슈고엔 / 김웅권	9,000원
95 제7의 봉인 〔시놉시스/비평연구〕	E. 그랑조르주 / 이은민	근간
96 근원적 열정	L. 이리가라이 / 박정오	9,000원
97 라캉, 주체 개념의 형성	B. 오질비 / 김 석	근간
98 미국식 사회 모델	J. 바이스 / 김종명	근간
99 소쉬르와 언어과학	P. 가데 / 김용숙·임정혜	10,000원
100 철학자들의 동물원·상	A. L. 브라쇼파르 / 문신원	근간
101 철학자들의 동물원·하	A. L. 브라쇼파르 / 문신원	근간

【東文選 文藝新書】

1 저주받은 詩人들	A. 뻬이르 / 최수철·김종호	개정근간
2 민속문화론서설	沈雨晟	40,000원
3 인형극의 기술	A. 훼도토프 / 沈雨晟	8,000원
4 전위연극론	J. 로스 에반스 / 沈雨晟	12,000원
5 남사당패연구	沈雨晟	16,000원
6 현대영미희곡선(전4권)	N. 코워드 外 / 李辰洙	절판
7 행위예술	L. 골드버그 / 沈雨晟	절판
8 문예미학	蔡 儀 / 姜慶鎬	절판
9 神의 起源	何 新 / 洪 熹	16,000원
10 중국예술정신	徐復觀 / 權德周	24,000원
11 中國古代書史	錢存訓 / 金允子	14,000원
12 이미지 — 시각과 미디어	J. 버거 / 편집부	12,000원
13 연극의 역사	P. 하트놀 / 沈雨晟	절판
14 詩 論	朱光潛 / 鄭相泓	9,000원
15 탄트라	A. 무케르지 / 金龜山	10,000원
16 조선민족무용기본	최승희	15,000원
17 몽고문화사	D. 마이달 / 金龜山	8,000원
18 신화 미술 제사	張光直 / 李 徹	10,000원
19 아시아 무용의 인류학	宮尾慈良 / 沈雨晟	절판
20 아시아 민족음악순례	藤井知昭 / 沈雨晟	5,000원
21 華夏美學	李澤厚 / 權 瑚	15,000원
22 道	張立文 / 權 瑚	18,000원

【기 타】

▨ 모드의 체계	R. 바르트 / 이화여대기호학연구소	18,000원
▨ 텍스트의 즐거움	R. 바르트 / 김희영	15,000원
▨ 라신에 관하여	R. 바르트 / 남수인	10,000원
▨ 說 苑 (上·下)	林東錫 譯註	각권 30,000원
▨ 晏子春秋	林東錫 譯註	30,000원
▨ 西京雜記	林東錫 譯註	20,000원
▨ 搜神記 (上·下)	林東錫 譯註	각권 30,000원
■ 경제적 공포[메디시스賞 수상작]	V. 포레스테 / 김주경	7,000원
■ 古陶文字徵	高 明·葛英會	20,000원
■ 古文字類編	高 明	절판
■ 金文編	容 庚	36,000원
■ 고독하지 않은 홀로되기	P. 들레름·M. 들레름 / 박정오	8,000원
■ 그리하여 어느날 사랑이여	이외수 편	6,500원
■ 딸에게 들려 주는 작은 지혜	N. 레흐레이트너 / 양영란	6,500원
■ 딸에게 들려 주는 작은 철학	R. 시몬 셰퍼 / 안상원	7,000원
■ 노력을 대신하는 것은 없다	R. 쉬이 / 유혜련	5,000원
■ 미래를 원한다	J. D. 로스네 / 문 선·김덕희	8,500원
■ 사랑의 존재	한용운	3,000원
■ 산이 높으면 마땅히 우러러볼 일이다	유 향 / 임동석	5,000원
■ 서기 1000년과 서기 2000년 그 두려움의 흔적들	J. 뒤비 / 양영란	8,000원
■ 서비스는 유행을 타지 않는다	B. 바게트 / 정소영	5,000원
■ 선종이야기	홍 희 편저	8,000원
■ 섬으로 흐르는 역사	김영희	10,000원
■ 세계사상	창간호~3호: 각권 10,000원 / 4호:	14,000원
■ 십이속상도안집	편집부	8,000원
■ 어린이 수묵화의 첫걸음(전6권)	趙 陽	42,000원
■ 오늘 다 못다한 말은	이외수 편	7,000원
■ 오블라디 오블라다, 인생은 브래지어 위를 흐른다	무라카미 하루키 / 김난주	7,000원
■ 인생은 앞유리를 통해서 보라	B. 바게트 / 박해순	5,000원
■ 잠수복과 나비	J. D. 보비 / 양영란	6,000원
■ 천연기념물이 된 바보	최병식	7,800원
■ 原本 武藝圖譜通志	正祖 命撰	60,000원
■ 隷字編	洪鈞陶	40,000원
■ 테오의 여행 (전5권)	C. 클레망 / 양영란	각권 6,000원
■ 한글 설원 (상·중·하)	임동석 옮김	각권 7,000원
■ 한글 안자춘추	임동석 옮김	8,000원
■ 한글 수신기 (상·하)	임동석 옮김	각권 8,000원

東文選 現代新書 69

상투어
—언어·담론·사회

뤼스 아모시 / 안 에르슈베르 피에로

조성애 옮김

약 1백 년 전부터 언론의 발달, 그리고 여러 형태의 매체들의 발달, 현대적 민주주의 사회의 도래로 스테레오형에 대한 고정관념이 생기게 되었다. 이미 만들어진 생각, 이미 말해진 것은 규탄되었다. 여론의 문제와 개인적 표현의 문제가 맞물려 스테레오형과 클리셰는 여러 인문과학 분야에서 성찰의 주제가 되었다. 개념들은 이론화되었고, 사회과학·언어과학·문학 연구에 적용되었다.

스테레오형·클리셰·전사·일반 공론·사회 통념의 개념들은 사회적 상호 관계, 담론들과 사회적 상상계의 관계, 더 넓게는 언어와 사회의 관계를 연구하도록 이끈다.

왜 공유된 명백한 사실들, 집단적 표현들, 기계적 언어 행위라는 문제가 현대인들의 사고에서 중요한가? 어떤 범위 내에서 사회과학, 문학 연구, 언어과학의 분석 관점들이 서로 일치될 수 있는가?

이 책은 개념의 역사를 살펴본 후, 사회심리학·문체학·사회 비평·독서론·의미론·수사학·담론 분석과 같은 다른 분야들에 의해 스테레오화 현상이 어떻게 접근되었는지를 보여 준다.

東文選 文藝新書 133

미학의 핵심

마르시아 뮐더 이턴

유호전 옮김

이 책의 저자 마르시아 이턴은 현대의 넘쳐나는 미적·예술적 사건들을 특유의 친절함과 박식함으로 진단한다. 소크라테스에서 데리다에 이르기까지 고대와 현대를 어려움 없이 넘나들며 때로는 미적 가치로, 때로는 도덕적 가치로 예술의 모든 장르를 재단한다. 미학의 본질을 파악할 수 있도록 핵심 용어와 이론을 정의하고 소개하며, 혼란이 일고 있는 부분들을 적절히 노출시켜 독자의 정확한 판단을 유도한다. 결코 한쪽에 치우치지 않게 다양한 목소리를 가능한 한 수용하면서, 객관과 주관이 공존하고 형식과 맥락이 혼재하며 전통과 관습이 살아 움직이는 비평을 지향한다.

부분적 특성이 하나의 통합적 경험으로 표출되는 미적 체험의 특수성을 역설하면서, 개인 취향의 다양성과 문화적·역사적 상이함이 초래할 수 있는 미적 대상에 대한 이질적 반응도 충분히 인정할 것을 이 책은 주장한다. 이턴은 개인적 차원의 미적·예술적 경험에 만족하지 않는다. 응용미학이나 환경미학 등 사회적 역할에 이르기까지 미학의 책임과 영역을 확대시킨다. 이 책을 읽는 독자들은 저자가 제시하는 내용들이 공허한 이론으로 끝나지 않고, 예술의 제반 현상들에 실제로 적용되는 경우를 빈번히 목격하게 되며, 결국 저자의 해박함과 노고에 미소짓지 않을 수 없을 것이다.

이 책에서 언급되는 주제는 다음과 같다.

- 대상·제작자·감상자의 역할 ■해석·비평·미적 반응의 본질
- 예술의 언어와 맥락 ■미적 가치의 본질
- 구조주의나 해체주의와 같은 비분석적 미학의 입장
- 환경미학의 공공 정책 결정에 있어서의 미학적 문제점 등 미학의 실제적 사용

東文選 現代新書 96

근원적 열정

뤼스 이리가라이

박정오 옮김

　뤼스 이리가라이의 《근원적 열정》은 여성이 남성 연인을 향한 열정을 노래하는 독백 형식의 산문시로 이루어져 있다. 이 글에서는 여성이 담화의 주체로 등장하지만, 남성 중심으로 이루어진 현존하는 언어의 상징 체계와 사회 구조 안에서 여성의 열정과 그 표현은 용이하지도 자유로울 수도 없다.

　따라서 이리가라이는 연애 편지 형식을 빌려 와, 그 안에 달콤한 사랑 노래 대신 가부장제 안에서 남녀간의 진정한 결합이 왜 가능할 수 없는지를 역설적으로 보여 주려 애쓴다. 연애 편지 형식의 패러디는 기존의 남녀 관계에 의문을 제기하고 교란시키는 적절한 하나의 전략이 되고 있는 것이다.

　서구의 도덕적 코드가 성경 위에 세워지고, 신학이 확립되면서 여신 숭배와 주술은 주변으로 밀려났다. 이리가라이는 그 뒤 남성신이 홀로 그의 말과 의지대로 우주를 창조하고, 그의 아들에게 자연과 모든 피조물을 통치하게 하는 사고 체계가 형성되면서 여성성은 억압되었다고 지적한다. 또한 그녀는 남성신에서 출발한 부자 관계의 혈통처럼, 신성한 여신에게서 정체성을 발견하고 면면히 이어지는 모녀 관계의 확립이 비로소 동등한 남녀간의 사랑과 결합을 가능케 해준다고 주장한다.

　이리가라이는 정신과 육체의 이분법적인 서구 철학의 분류에서 항상 하위 개념인 몸이나 촉각이 여성적인 것과 연관되어 있다는 점을 인식하고 타자로 밀려난 몸에 일찍부터 주목해 왔다. 따라서 《근원적 열정》은 여성 문화를 확립하는 일환으로 여성의 몸이 부르는 새로운 노래를 찾아나선 여정이자, 여성적 글쓰기의 실천 공간인 것이다.

東文選 文藝新書 146

눈물의 역사

안 뱅상 뷔포

이자경 옮김

사생활의 형태들에 대한 역사학의 현대적 관심 속에서, 하나의 질문이 제기된다. 그것은 바로 '눈물의 역사가 있다면?'이다. 우리의 가장 은밀한 (또는 겉으로 표현되기도 하는) 태도들 가운데 하나인 이 눈물을 역사의 개념으로 이해하는 것은, 이러한 감동의 형태들을 사용하는 방식이 시대와 사회에 따라 섬세하거나, 혹은 부자연스러운 것이 된다는 사실을 성찰하게 해준다.

어떠한 눈물도 서로 유사하지 않지만, 그러나 이전의 두 세기를 살펴보면 이러한 감동 표현의 중심에 변화가 일어났음을 알게 된다. 문학작품 · 의학서적 · 재판기록 · 연감 · 일기 등의 자료에 근거하여, 저자는 18세기를 쉽게 눈물을 흘리는 시대로 나타낸다. 눈물을 자아내는 연극으로부터 대혁명하의 집단적 진정토로에 이르기까지, 눈물은 대중 사이에서 전파되는 것처럼 보인다. 비록 이러한 행동에 대한 해석에서 성별에 따라 몇 가지 차이점이 읽혀지지만, 그럼에도 불구하고 18세기는 손쉬운 눈물을 흘리게 한다. 그리고 그 눈물은 뚜렷이 식별되는 기능들을 가진다. 남몰래 부끄러워하며 홀로 내적 자아의 감미로운 희열 속에서 눈물 흘리기를 좋아하는 낭만주의 시기가 지나고, 19세기는 후반에 들어서면서 다른 양상으로 나아간다. 풍속과 연관된 다른 분야들에서와 마찬가지로 눈물에서도 질서를 부여하려고 노력한다. 불안을 일으키는 것으로 인식된 눈물은 경계의 대상이 되며, 그 담론 한가운데 여성이 위치하게 된다. 따라서 여성이 눈물의 희생자이든 조작자이든간에, 여성이 지닌 감동의 능력은 통제되지 않으면 안 되게 된다.

역사학자로서 특히 근대 프랑스 사회의 풍속사를 연구 대상으로 하고 있는 저자는, 18,9세기에 걸친 눈물의 궤적을 추적, 문학작품 · 연극 · 고문서 기록 · 회상록 · 일기 등과 같은 광범위한 자료를 섭렵하였다. 결국 이 연구서는 프랑스의 18,9세기에 있어서 '감수성의 사회적 표현에 관한 변천사'라고 할 수 있다.

東文選 文藝新書 135

여성의 상태
– 서구 소설에 나타난 여성상

나탈리 에니크 / 서민원 옮김

여성의 이력에 제공된 가능성의 공간은 수많은 소설들 속에 펼쳐져 있고, 여전히 현대 작품들의 소재이기도 하다. 결혼을 앞둔 처녀, 배우자와 어머니·정부·노처녀 등 여성의 다양한 상태들은 우리에게 친숙한 작품을 이루는 범주들이다. 또한 세상 사람들이 편애하는 매개수단으로써의 소설적인 문화에 의해서 뿐만 아니라, 그 범주들은 명백히 현세계의 경험과도 밀접한 관계를 맺고 있다. 어쨌든 여기서 말하는 친숙함이란 지성이나 이해를 의미하는 것은 아니다. 이를테면 문화적인 체계의 관점으로부터 어느 정도 거리를 두고서, 인류학자의 '먼 시선'만이 앎의 질서에 다름아닌 작품의 구성 요소들과 더불어 이해의 질서라고 할 수 있는 작품의 내적이고도 필연적인 논리를 설명할 수 있을 것이다.

이 글은 서구 픽션에 있어서 다양한 여성들의 상태에 대한 단순한 나열이나 리스트 이상의 것을 지향한다. 이를테면 이 다양한 가능성의 공간들을 구성하는 커다란 개념에 대한 이해와 관련된 것이다. 즉 이러한 형관들은 어떻게 분절되는지, 또 이곳에서 저곳으로의 이동이 어떻게 일어나게 되는지, 그것을 고찰하면서 동시에 허구가 현실과 맺고 있는 작용을 분석하는 것에 우리의 목적이 있다. 체계의 총체적 논리, 그것의 이유와 방법을 이해하는 것에 다름아닌 것이다. 살아 있는 세상에 대한 경험으로써 이러한 상태를 다룬 서구 문학은 그 상태들에 우리가 친숙해지도록 해왔다. 고전으로부터 애정소설에 이르기까지, 샬럿 브론테로부터 조르주 오네까지, 오노레 드 발자크로부터 마르그리트 뒤라스까지, 토머스 하디로부터 델리까지, 헨리 제임스로부터 대프니 뒤 모리에까지 말이다. 그 구조들 속에서 '먼 시선'으로 떠오르는 여성의 동일성을 통해, 이 책은 인류학이 어떻게 서구 문화의 소산인 소설에 대해 관점을 가질 수 있는가를 보여주고 있다.

東文選 文藝新書 123

새로운 학문

잠바티스타 비코

李源斗 옮김

독일의 위대한 작가 요한 볼프강 폰 괴테는 1787년 나폴리에서 비코의 열렬한 한 제자를 방문했을 때 《새로운 학문 제2판》을 받았다. 같은 해에 출판한 한 논문에서 괴테는 고인이 된 저자에 대해 "그의 지혜는 이제 이탈리아 법률 저술가들에 의해 끝없이 칭송되고 있다"고 말했다. 괴테는 자기에게 전달된 책을 '성스러운 물건'처럼 여기면서 "이 책이 미래에 우리가 얻게 되거나 얻어야 할 선과 정의라는 주제에 관한 예언적 통찰, 삶과 미래에 대한 맑은 사색에 기초한 통찰을 담고 있다"고 했다. 비코의 논증이 견실하다고 확신한 괴테는 인류의 진화를 연속적으로 상승하는 선이 아니라 나선으로 보아야 한다고 생각했다.

19세기 프랑스의 위대한 민족주의자이자 낭만주의 역사가인 쥘 미슐레는 비코를 자신의 '프로메테우스'로, 자신의 '지적 선구자'로 불렀다. 미슐레는 결국 섭리에 호소한다는 생각을 버렸지만 베르길리우스와 비코를 계속 典據로 인용했다. 프랑스의 실증주의 철학자 오귀스트 콩트는 자기가 인류 발전의 세 가지 상태 내지 시대의 법칙을 형성하는 데 영향을 준 사람이 비코라고 말했다. 카를 마르크스는 역사에 관한 경제적 해석을 전개하면서 스스로 인정한 것보다 훨씬 더 많은 것을 비코에게 힘입었다. 사실 둘 사이에는 일정한 의존 관계가 있었다. 그러나 두 사람은 종교에 관한 한 다른 관점을 가지고 있었다.

오늘날에는 많은 학자들이 비코를 인류학과 민속학의 선구자로 본다. 사실 최근 비코는 그 문체의 모호함에도 불구하고 점차 유럽 지성사에서 중요한 인물로 인정받고 있으며, 《새로운 학문》은 유럽 지성사의 한 이정표로 평가받고 있다.

東文選 文藝新書 150

기호와 몽상

알프레드 시몽

박형섭 옮김

　기호와 몽상의 구체적 실현물인 연극과 축제는 오래 전부터 존재해 왔고, 인간의 삶과 깊은 관계를 맺고 있다. 삶이 있는 곳에는 언제나 크고 작은 축제가 있었으며, 이 축제 속에는 반드시 연극적 요소가 있었다. 저자는 축제와 연극의 뿌리가 생태적으로 같으며, 둘 모두 민중적 삶의 조건과 비극성에서 비롯했음을 강조한다. 또한 축제에는 진정한 창조정신이 깃들어 있다. 그것은 살아 있는 작품이며, 실제적인 행위인 것이다. 축제는 일상적 모임, 노동, 정치적 집회와도 무관하지 않다. 모든 회합은 연극성을 띠고 있으며, 모든 작업공동체는 창조적 도약으로 그 자체 속에 고유한 축제성을 지니고 있다. 축제 없이는 공동체도 없고, 공동체 없이는 축제도 없다. 한편 연극은 세계에 대한 설명이고, 우주를 해석하며, 인간조건을 풀어 주는 열쇠이다. 그래서 연극은 하나의 은유적 기능을 하는 것이다. 연극은 인간 자신에 대해 그리고 인간과 사회와의 관계를 표상한다. 모든 사람들은 배우로서 자신들의 역할을 살아 간다. 그의 의식의 프리즘은 사회를 스펙트럼처럼 분석한다. 또한 사람은 자신을 신성하게 만들어 주는 이미지를 찾아서 환각의 장소인 연극적 공간으로 들어가는 것이다. 사람은 연극에 의해 반사되고, 스스로의 이미지 속에 몰입한다.

　이 책의 주요 테마는 연극과 축제와 비극성의 동질적 관계를 밝히는 것이다. 저자는 연극의 죽음과 축제의 부재가 소외된 사회의 잔재가 아니라 오히려 소외가 이러한 죽음과 부재의 이중적 과정에 의해 정의된다고 강조한다.

　저자의 해박한 지식은 물론 그의 서술방법, 축제와 연극에 관한 시각 등이 매우 새로운 이 책은 축제와 연극의 상관성을 역사적·사회학적·미학적으로 분석한 본격 문화이론서가 될 것이다.

東文選 文藝新書 170

비정상인들

1974-1975, 콜레주 드 프랑스에서의 강의

미셸 푸코
박정자 옮김

비정상이란 도대체 무엇일까? 하나의 사회는 자신의 구성원 중에서 밀쳐내고, 무시하고, 잊어버리고 싶은 부분이 있다. 그것이 어느 때는 나환자나 페스트 환자였고, 또 어느 때는 광인이나 부랑자였다.

《비정상인들》은 역사 속에서 모습을 보인 모든 비정상인들에 대한 고고학적 작업이며, 또 이들을 이용해 의학 권력이 된 정신의학의 계보학이다.

콜레주 드 프랑스에서 1975년 1월부터 3월까지 행해진 강의 《비정상인들》은 미셸 푸코가 1970년 이래, 특히 《사회를 보호해야 한다》에서 앎과 권력의 문제에 바쳤던 분석들을 집중적으로 추구하고 있다. 앎과 권력의 문제란 규율 권력, 규격화 권력, 그리고 생체-권력이다. 푸코가 소위 19세기에 '비정상인들'로 불리었던 '위험한' 개인들의 문제에 접근한 것은 수많은 신학적·법률적·의학적 자료들에서부터였다. 이 자료들에서 그는 중요한 세 인물을 끌어냈는데, 그것은 괴물, 교정(矯正) 불가능자, 자위 행위자였다. 괴물은 사회적 규범과 자연의 법칙에 대한 참조에서 나왔고, 교정 불가능자는 새로운 육체 훈련 장치가 떠맡았으며, 자위 행위자는 18세기 이래 근대 가정의 규율화를 겨냥한 대대적인 캠페인의 근거가 되었다. 푸코의 분석들은 1950년대까지 시행되던 법-의학감정서를 출발점으로 삼고 있다. 이어서 그는 고백 성사와 양심 지도 기술(技術)에서부터 욕망과 충동의 고고학을 시작했다. 이렇게 해서 그는 그후의 콜레주 드 프랑스 강의 또는 저서에서 다시 선택되고, 수정되고, 다듬어질 작업의 이론적·역사적 전제들을 마련했다. 이 강의는 그러니까 푸코의 연구가 형성되고, 확장되고, 전개되는 과정을 추적하는 데 있어서 결코 빼놓을 수 없는 필수 불가결의 자료이다.

東文選 文藝新書 151

융분석비평사전

A. 새뮤얼 + B. 쇼터 + F. 플라우트
민혜숙 옮김

융분석비평사전, 이 사전은 고무적이면서도 비판적인 태도로 학문과 역사적인 정확성을 조화시키고 있다. 융의 언어, 일반적으로 분석심리학의 언어는 이해하기가 조금 어렵다. 그리고 이 사전은 사전의 형태를 갖춘 최초의 입문서이다. 저자들은 사전을 편집하는 데 있어서 분석자로서, 가르치는 사람으로서, 저자로서 광범위한 자신들의 경험으로부터 자료를 끌어내었다. 이 사전은 다음과 같은 사항들을 포함하고 있다.

- 융에 의해서 도입되고 발전된 용어와 개념들
- 일반적으로도 사용되지만, 융에 의해서 특별한 방식으로 적용된 용어와 개념들
- 융이 특이한 방식으로 사용한 일상 용어들
- 다른 분석심리학자들에 의해서 도입된 주요한 용어들
- 융에 의해서 차용되고 확장된 정신분석의 용어들

분석심리학은 1961년 융의 사후에도 계속하여 발전해 왔다. 이 사전은 융의 관점들 가운데 어느것이 계속 차용·수정·거부되었는지를 보여 준다. 모든 학문들은 자신의 용어집을 갖게 되는데 분석심리학도 예외는 아니다. 이 사전의 목적은 전문 용어 안에 갇혀 있는 의미를 설명해 줌으로써 추상적인 용어에 생명력을 불어넣기 위한 것이다. 이 사전은 분석심리학·정신의학·정신분석학·심리치료학·상담·사회사업·종교 분야의 연구자들과 실무자들에게 더할 나위 없이 귀중한 책이 될 것이다. 이 사전은 또한 학자들과 나름대로 융을 읽는 사람들에게 도움이 될 것이다.

東文選 文藝新書 127

역사주의

P. 해밀턴　[著]

임옥희　[譯]

　역사주의란 고대 그리스로부터 현대에 이르기까지 어떤 형태로든 존재해 왔던 비판운동이다. 하지만 역사주의가 정확히 의미하는 것은 무엇인가? 이 명료한 저서에서 폴 해밀턴은 역사 · 용어 · 역사주의의 용도를 학습하는 데 본질적인 열쇠를 제공한다.

　해밀턴은 과거와 현재에 있어서 역사주의에 주요한 사상가를 논의한다. 그는 독자들에게 역사주의와 관련된 단어를 직설적이고도 분명하게 제공한다. 역사주의와 신역사주의의 차이가 설명되고 있으며, 페미니즘과 탈식민주의와 같은 당대 논쟁과 그것을 연결시키고 있다.

　《역사주의》는 문학 이론이라는 때로는 당혹스러운 분야에 익숙하지 않은 학생들이 반드시 읽어야 한다. 이 책은 이상적인 입문 지침서이며, 더 많은 학문을 위한 귀중한 기초이다.

　《역사주의》는 독자들에게 필요한 지식과 배경과 이 분야의 연구에 적용할 수 있는 어휘를 제공함으로써 이 분야에 반드시 필요한 입문서이다. 폴 해밀턴은 촘촘하고 포괄적으로 다음을 안내하고 있다.

- 역사주의의 이론과 토대를 설명한다.
- 용어와 그것의 용도의 내력을 제시한다.
- 독자들에게 고대 그리스로부터 현대에 이르기까지 이 분야에서 핵심적인 사상가들을 소개한다.
- 당대 논쟁 가운데서 역사주의를 고려하면서도 페미니즘과 탈식민주의 같은 다른 비판 양식과 이 분야의 관련성을 다루고 있다.
- 더 읽을거리를 제공하는 참고문헌을 포함하고 있다.